VICTOR DOMINGUES

RACIONAIS, MAS NEM TANTO

ARMADILHAS MENTAIS NO MUNDO
DO DIREITO E DOS NEGÓCIOS

Copyright © 2024
by Victor Domingues

Coordenação Editorial: **Ofício das Palavras**
Revisão: **Ofício das Palavras**
Diagramação: **Tatiane Lima**

12241- 000 São José dos Campos, SP
Telefones:(12) 99715-1888 / (11) 99976-2692
contato@oficiodaspalavras.com.br
www.oficiodaspalavras.com.br
@oficio_das_palavras

Printed in Brazil/Impresso no Brasil

Dados Internacionais de Catalogação na Publicação (CIP)
(eDOC BRASIL, Belo Horizonte/MG)

Domingues, Victor.
D671r
Racionais, mas nem tanto: armadilhas mentais no mundo do Direito e dos negócios / Victor Domingues. – São José dos Campos, SP: Ofício das Palavras, 2024.
146 p. : 16 x 23 cm

Inclui bibliografia
ISBN 978-65-5201-038-4

1. Economia. 2. Desenvolvimento pessoal. 3. Negócios. 4. Direito. I. Título.
CDD 658.4

RACION:
MAS NE
TANTO!

SUMÁRIO

PARTE I

1. O QUE ESTE LIVRO REVELA 7
2. A PSICOLOGIA, A ECONOMIA E O DIREITO DO COMPORTAMENTO 17
3. RACIONAIS, MAS NEM TANTO 25
4. O GRANDE PROBLEMA: QUANDO? 33
5. NEM TUDO QUE RELUZ É OURO, NEM TUDO QUE BALANÇA CAI 45

PARTE II

6. O GUIA DEFINITIVO PARA A CONFIANÇA EM NEGÓCIOS 59
7. O MISTÉRIO DO VOO 737: EXCELÊNCIA VS. DIVERSIDADE NA ERA MODERNA 65
8. JUIZ COM FOME JULGA MAL, ROBÔS NÃO 71
9. O RASTRO E A ONÇA 77

PARTE III

10. O VALOR DA MINHA COLEÇÃO DE LATINHAS 83
11. CÉTICO POR PRECAUÇÃO OU OTIMISTA POR NECESSIDADE 89
12. POR UMA TABELA FIPE PARA A VIDA (OU NÃO) 95
13. A PRIMEIRA IMPRESSÃO NÃO TEM SEGUNDA CHANCE 101
14. A CULPA NÃO É DAS ESTRELAS 107
15. QUANDO PULAR DE UM BARCO AFUNDANDO? 111
16. VOCÊ PREFERE ACREDITAR EM MIM OU NOS SEUS OLHOS? 117
17. *COOL-OFF* 121

ONDE VOCÊ ESTARÁ DEPOIS DE LER ESTE LIVRO 127
SEMPRE HAVERÁ UMA FESTA MELHOR QUE A MINHA 131
AGRADECIMENTOS 137
RECOMENDAÇÕES BIBLIOGRÁFICAS 141

PARTE I

"Uma boa decisão é baseada em conhecimento, e não em números."

Platão

1. O QUE ESTE LIVRO REVELA

Você já parou para pensar no número de decisões que toma diariamente? Acredite ou não, são cerca de 35.000. A maioria dessas escolhas passa despercebida; são automáticas, como decidir a cor da camisa. Outras exigem um pouco mais de atenção, como o que escolher para o almoço ou se vale a pena sair com um amigo hoje à noite.

Algumas decisões vão além: ficam assombrando nossos pensamentos por dias, meses, talvez até anos — como aquelas relacionadas ao casamento ou à mudança de emprego. Essas escolhas moldam nosso destino, e é nelas que reside o verdadeiro poder de transformar a vida.

CADA ESCOLHA TEM UM NÍVEL VARIADO DE PRESSÃO ASSOCIADO, DEPENDENDO DA GRAVIDADE E TAMBÉM DA PERSONALIDADE DE QUEM DECIDE

> **TOMANDO UMA DECISÃO**
>
> ## Adultos tomam mais de 35.000 decisões por dia. Aqui estão 4 maneiras de prevenir o esgotamento mental
> Não deixe que a fadiga de decisão tome conta de você. 🔗
>
> OPINIÃO DE ESPECIALISTA PORHEIDI ZAK, COFUNDADOR E CEO, THIRDLOVE @ HEIDIZAKS
> 21 DE JANEIRO DE 2020

Fonte: Zak (2020) Disponível em: https://www.inc.com/heidi-zak/adults-make-more-than-35000-decisions-per-day-here-are-4-ways-to-prevent-mental-burnout.html.

Independentemente do grau de comprometimento, você não deve ser o último a saber que as escolhas não são assim tão conscientes, nem mesmo as mais importantes. Se você está lendo este livro, já deve ter percebido que milhares de ações simples e cotidianas são tomadas por caminhos não totalmente racionais, por mais que a mente faça acreditar o contrário.

Na verdade, são incontáveis as vezes que estamos agindo no "piloto automático". Eis aqui um grande problema: a depender do caminho mental que fazemos durante a construção das escolhas, o resultado pode ser bom ou ruim, às vezes pode mesmo ser catastrófico.

As más escolhas "automáticas" despertam em nós verdadeiros animais e prejudicam não somente o agente da má escolha, mas também o próprio círculo familiar e social de quem faz uma escolha ruim. Quando a decisão envolve dinheiro, e não raras vezes são recursos materiais que estão na balança das negociações, uma opção desastrada pode colocar em risco gerações inteiras.

É claro que ninguém acerta 100% das vezes. Mas, com um pouco de conhecimento sobre as armadilhas mentais que criamos, algumas falhas no processo de escolhas podem ser evitadas. E não é só isso.

Além de entender como a mente reage durante o processo de escolha, você poderá identificar como esses "truques" mentais são utilizados por pessoas que querem levar vantagem abusando das lacunas de racionalidade que temos em nossas mentes.

Este livro tem a intenção de fazer você conhecer mais para escolher melhor

Essas armadilhas estão dentro da nossa cabeça. As pessoas que diminuem irracionalmente a relevância do tempo, do contexto e das próprias referências fazem escolhas erradas. E muito erradas.

Tal julgamento — sobre o certo ou errado — não é uma avaliação externa sobre os hábitos particulares das pessoas. Não estamos fazendo o já conhecido juízo moral, e sim um juízo sobre a opção ótima, considerando as peculiaridades que influenciam os processos decisórios de cada um de nós.

Quando confrontadas com um plano alternativo mais claro sobre suas decisões, as pessoas acabam por se arrepender acerca de uma potencial escolha ruim. É como se admitissem a si próprias: "se pudesse voltar atrás, não teria feito como fiz". Porém, na maioria das vezes, o arrependimento não é eficaz.

Por exemplo, as pessoas que minimizam o efeito da poupança geram um grave problema de subsistência durante o período de aposentadoria. E isso gera uma verdadeira tragédia familiar. O tempo passa depressa, e a disposição para o mercado de trabalho já não é mais a mesma. Se questionada, a pessoa normalmente se arrepende de não ter reservado uma parcela do seu patrimônio para a idade da aposentadoria.

Sem falar no problema de "cálculo" do risco. Indivíduos são diariamente submetidos à "síndrome do super-homem", sobretudo quando não se atentam para a exata dimensão dos riscos a que se expõem. É um problema cognitivo de subavaliação dos perigos embutidos nas escolhas pessoais.

Drogas, doenças sexualmente transmissíves, acidentes de carro, entre tantos outros exemplos deixam evidente como uma análise mais "relaxada" sobre riscos pode conduzir as pessoas a escolhas fatais.

Quando se adiciona o fator "dinheiro" e "negócios", as coisas ficam ainda mais complexas. Não é só incentivo econômico que pode afetar o processo de escolha. As leis são incentivos psicológicos que influenciam diretamente na conduta das pessoas, sobretudo quando tais escolhas acabam por estabelecer pré-compromissos individuais.

Nem sempre, entretanto, agimos impulsionados apenas por uma regra de natureza legislativa, "vinda de fora", que nos diz o que fazer. Na maior parte da nossa rotina, agimos sob alguma influência de natureza psicossocial que não está escrita de forma normativa nas leis.

RACIONAIS, MAS NEM TANTO

Em *Odisseia*, Homero narra a história de Ulisses, um dos únicos remanescentes da Guerra de Troia, que, para voltar à terra natal, Ítaca, comete uma ação que irrita Poseidon, o deus dos mares, fazendo-o encarar inúmeras aventuras fantásticas. Ao passar pelo território das sereias, Ulisses se reconhece fraco, mas conta com autocontrole e astúcia para derrotar as paixões e não ser seduzido, o que o levaria à morte. Ele faz uso de um mecanismo de autocontenção para não cair na armadilha: sabendo que seria impossível resistir ao feitiço do canto das sereias, Ulisses se amarra ao mastro do navio e tapa com cera o ouvido dos marinheiros com uma ordem expressa: "Não me desatem, nem ouçam as sereias", sob pena de caírem no feitiço e serem conduzidos ao fatal encontro das rochas.

Nós também criamos "mecanismos" jurídicos e não jurídicos para não cairmos em "cantos de sereias". E não é assim tão simples se livrar das armadilhas mentais que criamos.

Por isso que a arquitetura de contratos, o design dos incentivos e, principalmente, o conhecimento desses artifícios mentais podem funcionar muito bem para evitar problemas.

Essa pequena parte extraída do mito heroico da *Odisseia* toca diretamente na questão das escolhas humanas, suas restrições e os respectivos impactos no contexto privado e social.

Ao tratar da escolha humana propriamente dita, a Psicologia tem se associado ao Direito para compreender melhor como ocorrem as distorções sobre a avaliação de riscos, a tomada de decisão sob emoção e a racionalidade dos agentes humanos, em especial no contexto dos negócios.

Ao final, nossas escolhas são responsáveis diretas pelo melhor ou pior nível de desenvolvimento econômico e bem-estar, seja individual ou coletivo. Que nada nos impeça de conhecer as armadilhas mentais que atrapalham nosso crescimento.

Escolhas malsucedidas podem conduzir indivíduos a situações de EXTREMA VULNERABILIDADE MATERIAL E SOCIAL

As decisões individuais equivocadas, provocadas por um sistema mental pouco racional, levam os indivíduos a realizar danos não intencionais a si próprios. Dimensionar o risco das escolhas talvez seja uma arte ainda restrita a mentes muito bem treinadas.

O problema das escolhas e seus efeitos começou a ser sistematicamente estudado ainda no século passado. Esse ramo da ciência ganhou relevância a partir da Teoria da Prospecção ou Teoria dos Prospectos, elementos comportamentais e psicológicos que fundaram as descobertas dos cientistas Amos Tversky e Daniel Kahneman, a partir da década de 1970 do século passado.[1]

A Teoria dos Prospectos firmou seu pilar teórico pela contestação da premissa econômica que considera os indivíduos pessoas plenamente conscientes das suas opções em termos gerais.

A Teoria Econômica Clássica pressupunha que as pessoas realizavam as melhores escolhas para si, independentemente das condições

---

1 - TVERSKY, A.; KAHNEMAN, D. Prospect Theory: An Analysis of Decision under Risk. *Econometrica*, v. 74, n. 2, p. 263-292, mar. 1979.

e limitações do seu entorno. Por muito tempo, os economistas realmente acreditaram que as escolhas eram uma constante sem interferências psicológicas.

Sob outra perspectiva, para os chamados "economistas comportamentalistas", as pessoas não conseguem obter o máximo de utilidade de suas opções e, invariavelmente, cometem erros de julgamento, que podem comprometer sua condição material. E é uma ação inconsciente.

Hoje, pode-se afirmar que a racionalidade individual no contexto das escolhas já não tem o mesmo conceito dos economistas mais tradicionais do século XX.

Se, por um lado, as pessoas são influenciadas por armadilhas mentais e escolhem de forma equivocada, causando a diminuição da própria qualidade de vida, por outro lado, já existem mecanismos que promovem a correção dos rumos, atuando sobre escolhas no círculo privado da formação das preferências.

É no local das escolhas mais íntimas que as influências psicológicas podem levar os indivíduos a rever opções malsucedidas, fruto da incidência de dois fenômenos já bastante estudados no século passado: vieses e heurísticas.

VIESES são erros sistemáticos que se repetem de forma previsível em circunstâncias particulares.

HEURÍSTICA é um método de aproximação progressiva de situações problemáticas que exigem uma decisão individual imediata, de modo que cada etapa é considerada provisória, intuitiva e automática, muitas vezes potencializada por um severo quadro de incertezas.

Nem sempre os atalhos mentais radicados no cérebro (heurísticas) são as melhores soluções para problemas complexos. Não se podem descartar os benefícios que as escolhas intuitivas trouxeram para a humanidade ao longo dos séculos.

A CAPACIDADE DE REAGIR DIANTE DAS URGÊNCIAS RECONHECE NO PODER INTUITIVO O MESMO PAPEL QUE O INSTINTO DE SOBREVIVÊNCIA TEM NO MUNDO ANIMAL

Como importante mecanismo decisório, a intuição tem a característica de surgir espontaneamente de forma rápida, e as razões essenciais de seu surgimento não são imediatamente reconhecidas pelo nosso cérebro, muito embora suficientes para embasar a tomada de decisão.

Por isso que a heurística é fruto de um processo de aptidão evolutiva do próprio cérebro, num processo de condensação de todas as experiências acumuladas pela humanidade sobre situações similares. A mente pode ser compreendida como uma caixa de ferramentas adaptativas, repleta de pequenas experiências práticas, repassadas de gerações em gerações. E isso tem dois lados: o bom e o ruim.

A combinação analítica desses dois elementos — vieses e heurísticas — tem sido utilizada proveitosamente em inúmeros campos das relações humanas para diagnosticar falsas percepções da realidade. São as categorias pelas quais os cientistas do comportamento humano identificam os problemas de cognição e como o cérebro humano realiza esse processo de construção das preferências.

Inúmeros experimentos empíricos são aplicados para compreender a racionalidade por trás das escolhas. Essas investigações se espalham por diversas áreas, como diagnósticos médicos, análises de decisões judiciais, serviços de inteligência e espionagem, filosofia, finanças, estatísticas e estratégia militar.

O Direito, a Economia e a Psicologia recebem igualmente a influência das proposições comportamentais. Para o jurista, o empresário, o psicólogo e todos que tratam com escolhas humanas, é mais do que necessário compreender como as estruturas mentais podem ajudar o comportamento individual a ser mais eficiente no mundo das relações interpessoais.

É aí que entra a Economia e o Direito Comportamental. "Racionais, mas nem tanto" é um conjunto de reflexões sobre a teoria das escolhas e do comportamento que ajudará você a entender como funcionam as armadilhas e ciladas mentais nesse processo de decisão.

O livro que você tem em mãos tem a vantagem de poder ser lido por partes. Sim, qualquer capítulo que você escolher poderá ser lido isoladamente e alternadamente. Caso você queira adotar uma leitura mais sistemática, o livro está dividido em três partes: a primeira trata dos conceitos gerais, o arcabouço conceitual sobre o Direito, a Economia e a Psicologia do comportamento. A segunda parte trata de reflexões sobre a realidade do dia a dia, sobre a vida e nosso papel como participantes no grande e vasto mundo das escolhas. A terceira parte é um chamado para a mudança de comportamento no contexto das escolhas individuais.

2. A PSICOLOGIA, A ECONOMIA E O DIREITO DO COMPORTAMENTO

Imagine um conceito capaz de capturar o estado de ânimo dos investidores, algo que possa influenciar economias inteiras e moldar o futuro dos mercados. Esse conceito existe e foi cunhado após 1929 (A Grande Depressão) pelo renomado economista **John Maynard Keynes**.[2]

Ele chamou de "espírito animal". Mas o que significa? Em essência, é a confiança — ou a falta dela — que impulsiona ou freia as decisões de investimento. É o termômetro da coragem financeira, uma peça vital para entender como as pessoas reagem à incerteza e ao risco. E essa disposição de colocar dinheiro em jogo é o que define o rumo das economias.

> ### Temor de calote da Evergrande causa risco sistêmico na bolsa, diz economista
>
> Daoud ainda afirmou que o medo em relação ao que pode acontecer na bolsa muitas vezes causa um efeito manada prejudicial à economia
>
> Da CNN, Em São Paulo
> 20/09/2021 às 15:59 | Atualizado 20/09/2021 às 16:05

Fonte: Temor (2021)
Disponível em: https://www.cnnbrasil.com.br/economia/investimentos/temor-de-calote-da-evergrande-causa-risco-sistemico-na-bolsa-diz-economista/.

---

2 - KEYNES, J. M. *A Teoria Geral do Emprego do Juro e da Moeda*. São Paulo: Nova Cultural, 1996. p. 13. (Coleção Os Economistas).

Como o próprio nome diz, "animal" significa algo que não é característico dos humanos, dos quais se espera um raciocínio mais elaborado.

Escolher de maneira escalonada, transitando com fluidez entre objetos de desejo e raciocinando sobre o melhor momento de efetivar as escolhas, nos faz humanos. Um cachorro não faz poupança. Um pássaro não tem a capacidade de "preferir". A fundamental diferença entre animais e humanos significa que conseguimos ter um desempenho adequado quando o assunto é escolher!

Externar nosso desejo no sentido de algo ou alguém que desejamos é um dos distintivos mais básicos da nossa humanidade

Cientistas afirmam que a designação (*pointig*) do objeto desejado, apontar o dedo para aquilo que queremos, começa antes mesmo da comunicação verbal.

Crianças entre 12 e 14 meses realizam movimentos estruturais de preferência, de forma a escalonar as opções entre aquilo que querem mais ou menos. O gesto ostensivo no sentido daquilo que queremos é a primeira materialização da nossa constituição humana. Antes mesmo da linguagem.[3]

---

3 - BIMBENET, É. *O animal que não sou mais*. Curitiba: Ed. UFPR, 2014.

Se considerarmos uma perspectiva unicamente utilitarista das nossas ações, podemos afirmar que a troca de interesses, num contexto social, busca satisfazer as vontades individuais, e isso para a Economia é algo racional. As pessoas trocam interesses buscando satisfazer suas vontades pessoais.

Num ambiente de aparente normalidade é muito difícil supor que as pessoas queiram fazer mal a si mesmas. A premissa é de que, sempre que possível, as pessoas farão as melhores escolhas de acordo com as condições que lhe são postas.

Segundo Gigerenzer, "uma solução para determinado problema é considerada ótima se provar que não existe solução melhor"[4]

A satisfação das vontades humanas se inicia no ambiente aparentemente privado. Começa na mente até ganhar forma exterior. Essa decisão humana é fruto de um conjunto de processos prévios de formação de preferências, que atende dois subprocessos mentais simultâneos: um deles rápido, automático e inconsciente; o outro, devagar, deliberativo e consciente, como diz Daniel Kahneman.[5]

O diagnóstico de que o cérebro atua em dois sistemas de avaliação diferentes nos dá a ideia de que as decisões precipitadas e

---

4 - GIGERENZER, G. *O Poder da Intuição*. Rio de Janeiro: Best Seller, 2009. p. 107.
5 - KAHNEMAN, D. *Rápido e Devagar*. Rio de Janeiro: Objetiva, 2012.

automáticas são fruto de uma prévia formatação mental. A formatação é construída para dar conta dos possíveis riscos imediatos em situações de aparente risco, em que é impossível aguardar a tomada plena de informações para levar a cabo uma decisão imediata.

Isso fica muito bem demonstrado no que os cientistas chamam de "efeito manada". Ninguém racional espera para ver os motivos pelos quais uma multidão corre em determinado sentido. Colocados face a face de um grupo em disparada, logo supomos que na direção oposta haja um grande perigo e grave ameaça.

Acontece também na política, na bolsa de valores, nos eventos de grande aglomeração, na moda, nos *trendings* de rede social. Fazemos porque todos fazem. E fazemos o que todos fazem porque convergir para o coletivo sempre foi uma decisão segura tomada pelos nossos ancestrais.

Já o sistema contemplativo e racional, que opera numa lógica racional de processos mentais complexos, é ativado em situações que não exigem a tomada de decisão imediata e permitem a formação de preferências após um processo escalonado de avaliações, do tipo "eu prefiro A a B".

Para a Economia Comportamental, interessa compreender como a satisfação das vontades humanas pode ser sabotada pelo processo decisional do sistema inconsciente de ação humana, muito mais suscetível ao sistema de pensamento imediato.

Isso porque uma falsa percepção da realidade pode conduzir à formação das preferências de forma equivocada, estimulando sensações de segurança que não existem, ou avaliações superestimadas e erros recorrentes de julgamentos.

O objeto primordial de estudo da Economia Comportamental são os erros sistemáticos, que se repetem de forma previsível em circunstâncias particulares, denominados vieses

A Economia Comportamental é o ramo da Economia que estuda os processos psicológicos e decisórios do agente econômico e sua relação com a alocação dos seus próprios recursos. Escolher entre A e B, optar pelo agora ou postergar o consumo, são decisões estudadas há séculos pela Economia.

Até a década de 1990, as descobertas da Economia Comportamental não tinham impacto sobre o sistema de regras jurídicas. Somente quando passou a ser deliberadamente utilizado como mecanismo de influência e coordenação de comportamentos coletivos é que uma significativa parcela de formuladores de políticas públicas começou a observar as possibilidades de manipulação de condutas mediante aplicação de incentivos comportamentais.

Na doutrina americana, essa intersecção entre Direito, Economia e Psicologia ficou sacramentada como Direito e Economia Comportamental, em inglês Behavioral Law & Economics, muito em razão da coletânea organizada e editada pelo jurista americano Cass Sustein, publicada com esse mesmo título em 2000.[6]

No Brasil, a Economia e o Direito Comportamental já influenciam legislações referentes ao consumo, planos de saúde, previdência e mercado mobiliário. A expectativa é de contínua expansão.

---

6 - SUSTEIN, C. R. (coord.). Behavioral Law & Economics. New York: Cambridge University Press, 2000.

RACION!

MAS NE

TANTO!

3. RACIONAIS, MAS NEM TANTO

Em um mundo onde os recursos são tão finitos quanto a areia na ampulheta, não é surpresa que cada escolha que fazemos seja uma batalha pela eficiência e pelo melhor uso do que temos. Tempo, ar puro, espaço e, especialmente, dinheiro são recursos escassos. A verdade é que vivemos em um campo onde a escassez molda cada decisão e as escolhas que fazemos sob essas limitações definem quem realmente prospera. No entanto, apesar de séculos de sabedoria econômica, essa realidade ainda parece escapar a muitos.

A ideia inicial de que somos animais capazes de escolher bem se apresentou como pilar fundamental da Economia do século passado. Foi necessário supor que nós temos escolhas absolutamente estáveis, com preferências bem definidas. Assim, a Economia, como uma ciência que busca descrever como a sociedade funciona, precisava expulsar por completo qualquer variante subjetiva (psicológica) de suas análises, especialmente no início do século XX.

> **A MENTE HUMANA É MUITO COMPLEXA, E A CIÊNCIA DO SÉCULO PASSADO NÃO ESTAVA ABERTA A ESSE TIPO DE COMPLEXIDADE**

Para elaborar uma teoria "robusta" sobre as escolhas humanas em um determinado cenário econômico, era necessário tirar dos cálculos as subjetividades.

De forma bem resumida, não importava o que cada pessoa pensava ou achava sobre determinado fato, bastava somente a coisa em si. Esse foi o estopim de um movimento que levou a Teoria Econômica a se afastar das subjetividades das pessoas. Em resumo, fazer ciência econômica era eliminar qualquer incidência de questões puramente psicológicas.

Dentro do novo paradigma científico pretendido pela Economia, não era possível discorrer sobre emoção, simpatia, altruísmo, moralidade ou cultura. Nenhuma dessas variáveis faria mais parte das fórmulas quantitativas dos modelos econômicos do século XX.

O PRINCÍPIO DA RACIONALIDADE CONTRIBUIU PARA O AFASTAMENTO DA PSICOLOGIA, COMO TAMBÉM IMPULSIONOU A MATEMATIZAÇÃO DA ECONOMIA

Assim, a ciência econômica defendia com unhas e dentes o pressuposto da racionalidade humana. Somos racioanais porque escolhemos o que queremos e fim de conversa!

Na economia e nos negócios, ser racional nas escolhas da vida significa ser consistente ao longo do tempo. Em outras palavras, se as condições se mantêm as mesmas, suas decisões também tendem a ser as mesmas. Por exemplo, se o preço de um produto que você deseja cair e você tiver dinheiro disponível, é provável que o compre. Os economistas chamam de *rebus sic stantibus*, uma expressão em latim que compreende o seguinte sentido: "se tudo continuar assim, é assim que você agirá".

Esse pressuposto ignora a possibilidade de arrependimento e a capacidade de aprender e socializar, que são fases essenciais do comportamento humano e fundamentais para o estudo das normas jurídicas e sociais. É justamente nessa lacuna, ou "zona cinzenta", da ciência econômica que surge a Economia Comportamental.

A ABORDAGEM DA ECONOMIA COMPORTAMENTAL RECONHECE QUE AS DECISÕES HUMANAS SÃO INFLUENCIADAS POR FATORES EMOCIONAIS E COGNITIVOS, DESAFIANDO A IDEIA DE QUE SOMOS SEMPRE PERFEITAMENTE RACIONAIS EM NOSSAS ESCOLHAS

Nascida em meados da década de 1970, a Economia Comportamental surge como uma resposta sólida e sistematizada ao pressuposto da racionalidade econômica. A contestação do modelo humano da racionalidade absoluta é mérito de Amos Tversky e Daniel Kahneman, pesquisadores que ganharam notoriedade no meio acadêmico por suas pesquisas no âmbito da Economia e Psicologia Comportamental. Os motivos, as causas e as razões emocionais das preferências humanas retomaram o espaço perdido.

O ponto de partida de Amos Tversky foi a Teoria da Mensuração, que buscava aplicar estatística e matemática na projeção de eventos, e aí por diante descrever, entender e controlar o comportamento humano. No início dos seus estudos, Amos Tversky ainda sustentava a Teoria Subjetiva da Utilidade, em que "as escolhas realizadas pelos indivíduos podem ser descritas pelo ideal da maximização da utilidade esperada", tese abandonada ao longo dos seus estudos.

Daniel Kahneman, por sua vez, inicia sua carreira científica na Universidade de Michigan, como visitante num laboratório de estudos da hipnose. Seu natural interesse pelos esforços mentais e como o cérebro externaliza as preferências o levou aos estudos da Psicologia Experimental, especialmente sobre a análise da visão (optometria), tendo produzido durante mais de dez anos diversos artigos científicos, o que o fez ser reconhecido como uma das principais referências intelectuais nessa área.

Para os comportamentalistas, há muito mais variáveis que influenciam as preferências declaradas e as escolhas efetivamente realizadas. A identificação dos desvios cognitivos e dos equívocos decorrentes de processos mentais obscuros poderia, ao menos em tese, explicar com maior precisão as razões pelas quais os agentes econômicos se comportam de tais e tais maneiras.

A Teoria dos Prospectos permitiu reconhecer que as decisões nem sempre são ótimas e que estão sujeitas a uma série de distorções do julgamento (vieses) e atalhos mentais muitas vezes simplórios, que, diante de problemas complexos, apresentam respostas singelas e automatizadas.[7]

Diante de um quadro de incertezas ou de informações incompletas, as pessoas apresentam uma série de reações que não podem ser consideradas racionais conforme intuíam os economistas clássicos. Ao contrário, as pessoas são limitadamente racionais, uma vez que suas efetivas escolhas dependem, dentre outras coisas, da forma como os problemas são apresentados (*framing*) e de sua disposição para assumir riscos (*risk aversion*), especialmente em um ambiente de incertezas.

A disposição de manter o *status quo* (inércia), o sentimento de apego e posse (*endowment effect*), o equívoco no julgamento sobre os efeitos ao longo do tempo (*hyperbolic discount*), a insistência em escolhas ruins (*sunk cost*) etc. são manifestações neurocognitivas, que podem ser estimuladas ou evitadas, de acordo com os incentivos aos quais os agentes econômicos são expostos. Daí, a Economia Comportamental exerce um papel relevante na elaboração de mecanismos que buscam evitar a tomada de decisões trágicas no cenário econômico e jurídico.

É nesse campo que a interface da Economia Comportamental e o Direito ganham relevância. O behaviorismo não pressupõe indivíduos sensatos e plenamente conscientes de suas escolhas (racionalidade forte), ao contrário.

Seus pressupostos consistem em sugerir que os agentes econômicos são irracionais e que as consequências de suas escolhas podem

---

7 - TVERSKY, A.; KAHNEMAN, D. Prospect Theory: An Analysis of Decision under Risk. *Econometrica*, v. 74, n. 2, p. 263-292, mar. 1979.

ser desastrosas. Um conjunto de decisões equivocadas pode conduzir o destino de uma sociedade a um cenário de catástrofe e vulnerabilidade social.

Basta pensar em uma sociedade que não se preocupa com a aposentadoria; a falta de poupança, certamente, será um problema para as autoridades. Ou, em contrapartida, uma sociedade extremamente conservadora que poupa demais e não mantém a atividade econômica aquecida suficiente para gerar emprego para os mais jovens. Erros avaliativos individuais têm consequências coletivas.

Embora a pessoa tenha a intenção de economizar um dinheiro extra, muitas vezes não o faz; a gratificação imediata de gastar, geralmente, é mais atraente do que a recompensa futura de poupar.

A escolha de economizar é mentalmente desafiadora e exige um esforço psíquico considerável; é necessário ter força de vontade para resistir à tentação de gratificação imediata para necessidades e desejos, adiando assim a satisfação individual.

Ao adotar uma perspectiva psicológica sobre a poupança, o elemento da incerteza é crucial. O desconhecimento sobre eventos futuros e seus impactos no indivíduo realça os riscos financeiros associados. Além disso, a questão temporal evidencia a necessidade de atender às necessidades financeiras não apenas no presente, mas também no futuro, que é repleto de incertezas.

Muitos recorrem a um planejamento financeiro que inclui a poupança, e aqui nos deparamos com a inevitável decisão de escolher entre satisfazer um impulso ou adiar em prol de uma recompensa futura maior.

Esse processo envolve o conceito de **desconto intertemporal**, que se refere à tendência de atribuir menos valor a recompensas futuras em comparação com recompensas imediatas. Assim, a capacidade de poupar depende em grande parte da habilidade de resistir à tentação de gastar agora para garantir benefícios maiores no futuro.

Os juros desempenham um papel fundamental nesse contexto, funcionando como um incentivo para a poupança. Quando alguém decide poupar, os juros aumentam o valor do dinheiro ao longo do tempo, recompensando quem adia o consumo imediato.

Por exemplo, ao depositar dinheiro em uma conta investimento, os juros acumulados sobre esse depósito podem resultar em um montante significativamente maior no futuro. Esse crescimento compõe a recompensa futura que pode superar a gratificação imediata, tornando o ato de poupar uma decisão financeiramente mais atraente a longo prazo.

No entanto, para as empresas, a necessidade de manter um fluxo de caixa positivo pode levar à tomada de empréstimos a juros altos. A prática pode ser arriscada, pois os custos elevados dos juros podem comprometer a saúde financeira do negócio a longo prazo. Se os lucros gerados não forem suficientes para cobrir os juros, a empresa pode enfrentar sérias dificuldades financeiras, aumentando o risco de inadimplência e até mesmo de falência.

É crucial que os gestores avaliem cuidadosamente a viabilidade e as condições dos empréstimos antes de recorrer à opção para resolver problemas de caixa.

Podemos confirmar que erros de julgamento em ambientes incertos podem atingir tanto empresas como pessoas. É aí que entra uma análise consciente sobre as escolhas, que contemple também os vieses que influenciam esse processo mental.

4. O GRANDE PROBLEMA: QUANDO?

Imagine um deus com duas faces, uma voltada para o passado e outra para o futuro. Esse é Janus, a figura enigmática da mitologia romana, cujo olhar abrange o que já foi e o que está por vir. O rosto marcado pelos sinais do tempo nos lembra das lições que carregamos ("Janus velho"), enquanto a face jovial ("Janus novo") aponta para as oportunidades que o aguardam.

Janus, o guardião dos portais, é o símbolo das transições, das mudanças inevitáveis que nos empurram para novos horizontes. É dele que nasce o nome de janeiro, o mês que une o que deixamos para trás com o que nos desafia adiante. Janeiro nos convida a uma pausa reflexiva: o que aprendemos e como vamos usar esse conhecimento para moldar o futuro?

> **As duas faces de Janus expressam a paradoxal relação entre o homem e o seu tempo. O passado e o futuro exigem que o indivíduo se posicione estrategicamente**

EM RELAÇÃO AO QUE O CERCA

A vida e a morte representam o início e o fim e, nessa linha do tempo, o homem precisa decidir sobre momentos banais e outros cruciais, como formar uma família, poupar para a aposentadoria ou buscar uma formação profissional. Muitas dessas oportunidades são únicas e não se repetem.

Além do fator "tempo", as decisões são tomadas em um ambiente cheio de limitações. As restrições de diversos tipos desafiam a ideia de que somos meros "animais políticos" aristotélicos.

Com a complexidade crescente das relações sociais e os desafios do desenvolvimento tecnológico na sociedade pós-industrial, o receio do futuro aumenta.

Neste cenário de incerteza, há quem defenda que a ciência e a tecnologia oferecem alívio para os problemas do mundo moderno, mas também geram desconforto devido à sua imprevisibilidade. As relações entre passado e futuro assumem uma nova dimensão social, jurídica e, principalmente, econômica, dada a limitação dos recursos como o tempo, o dinheiro e a oportunidade.

Quando escolher?

Essa talvez seja a pergunta mais pertinente quando o assunto é realizar opções, escolhas ou abandonar posições consolidadas (no presente ou no futuro).

O conceito de custo de oportunidade é fundamental na Teoria Econômica e ganha ainda mais relevância quando consideramos o tempo de vida das pessoas, um recurso finito e não renovável.

O CUSTO DE OPORTUNIDADE SE REFERE AO VALOR DA MELHOR ALTERNATIVA QUE É SACRIFICADA AO SE TOMAR UMA DECISÃO

Ou seja, quando escolhemos uma opção, estamos renunciando a todas as alternativas possíveis e o custo de oportunidade é o benefício que poderíamos ter obtido da melhor dessas alternativas.

Por exemplo, se uma empresa decide investir em um projeto específico, o custo de oportunidade é o retorno que poderia ter obtido ao investir em outro projeto, talvez com um retorno maior ou com impacto estratégico diferente.

Isso se aplica também a indivíduos: ao dedicar anos a uma carreira específica, o custo de oportunidade pode ser a perda de experiências e aprendizagens em outras áreas que poderiam ter trazido satisfação pessoal ou profissional.

Quando consideramos o tempo de vida das pessoas, o custo de oportunidade se torna um fator ainda mais crítico. Optar por passar longas horas no trabalho, em detrimento de momentos com a família ou de descanso, carrega um custo de oportunidade que pode impactar o bem-estar e a qualidade de vida.

O tempo, diferente de outros recursos, como o dinheiro, não pode ser recuperado. Assim, ao tomar decisões, nós avaliamos não apenas o que estamos ganhando, mas também o que estamos sacrificando em tempo e experiências de vida.

Considerar o custo de oportunidade com a perspectiva do tempo nos incentiva a fazer escolhas que alinhem prioridades e valores pessoais com o uso mais eficaz e gratificante desse recurso tão valioso.

O VERDADEIRO DESAFIO NÃO É APENAS MAXIMIZAR BENEFÍCIOS FINANCEIROS OU PROFISSIONAIS, MAS TAMBÉM GARANTIR QUE UTILIZAMOS O TEMPO DE VIDA COM SATISFAÇÃO E REALIZAÇÃO

Acertar as condições futuras, próximas ou remotas, sempre causou inquietação. O tempo de preferência é um constante ajuste das previsões cronológicas acerca da utilização de qualquer bem.

E isso tem relação com o valor que damos aos recursos, baseado na disposição de usufruí-los ou preservá-los num dado momento, seja presente ou futuro. Nas escolhas mais fundamentais, é importante ter claro qual o custo de oportunidade. O que mais deixamos de fazer quando optamos por fazer o que fazemos? E não é fácil, mas é possível.

Analise a seguinte questão hipotética. Cirilo é um jovem trabalhador de 25 anos, pai de dois filhos e um marido dedicado. Sua família depende completamente dele, e o único tempo que consegue passar com eles é quando retorna do trabalho. Cirilo tem um objetivo claro: cursar a faculdade de administração, algo que ele não conseguiu fazer porque teve seu primeiro filho muito cedo. Ele acredita que o curso poderá abrir novas oportunidades em sua carreira. A mensalidade da faculdade é de aproximadamente R$ 800,00.

Muitos de nós olhamos para essa situação e pensamos que o custo dessa decisão é apenas os R$ 800,00 mensais. Porém, nos esquecemos de considerar o custo de oportunidade.

O que Cirilo deixaria de fazer ao investir esses R$ 800,00 na mensalidade? Esse é o verdadeiro custo da sua escolha, o que os economistas chamam de **custo de oportunidade**. Ele poderia investir em um plano de previdência privada? Viajar com a família? Passar mais tempo com os filhos durante o único período livre da semana? Todos são custos associados à mensalidade.

Mas não para por aí. Cirilo também faz um cálculo intuitivo. Ele acredita — e tem razões — que um diploma universitário poderá melhorar o bem-estar da sua família no futuro. Ele abre mão do benefício imediato de ter os R$ 800,00 agora, em troca de um benefício futuro, algo que os economistas chamam de **taxa de desconto**.

A chamada de **taxa social de desconto** é fluxo futuro dos benefícios líquidos estimados a preços geralmente disponíveis no contexto social.

Esse movimento pode também ter uma representação hiperbólica, em formato de curva, que se desenvolve a partir da disposição individual de adiar práticas de poupança, com vista a prorrogar o usufruto do benefício almejado, por isso também é chamada de **taxa de desconto hiperbólica**.

A DISPOSIÇÃO DE CONSUMO HOJE É MUITO MAIOR DO QUE NUM FUTURO PRÓXIMO, E MAIOR AINDA DO QUE EM UMA PERSPECTIVA DISTANTE. O DESEJO DE CONSUMO CAI NA PROPORÇÃO DE SUA PROJEÇÃO NO EIXO DO TEMPO

É evidente que realizamos — mesmo que intuitivamente — uma análise interna de retorno, levando em consideração os custos e benefícios de fazer opções no tempo presente. E é muito mais comum quando recomendamos a viabilidade de determinado empreendimento.

Isso é tão importante para o mundo corporativo que existem diversos comitês públicos e privados dedicados a observar como o efeito "tempo" é considerado para projeções econômicas.

Saber como as pessoas lidam com o fator temporal faz com que as Constituições Nacionais mais modernas prevejam o tratamento de riscos futuros em face do comportamento atual de seus cidadãos.

Em 1978, a Espanha fixou em seu texto constitucional os direitos e deveres conexos da coletividade em relação ao ambiente. O artigo 45, nº 2, da Constituição Espanhola afirmava que as iniciativas públicas deviam defender o ambiente, "*apoyándose en la indispensable solidaridad colectiva*".

A Constituição brasileira de 1988 trouxe expressamente no artigo 225 o dever de preservar o ambiente para disposição das futuras gerações. De certa maneira, isso movimentou também o constituinte português a anunciar formalmente na Lei Fundamental de 1976 o direito ao ambiente.

Após as revisões constitucionais de 1982 e 1989, foi somente em 1997 que a Constituição da República Portuguesa acolheu o princípio da solidariedade intergeracional, acrescentando ao artigo 66 da Carta Constitucional o nº 2, alínea d, onde se observa uma clara preocupação do legislador constitucional em garantir às futuras gerações a possibilidade de usufruto e gozo dos recursos ambientais.

O PROBLEMA É QUE SOMOS MÍOPES. SIM, MÍOPES. ENXERGAMOS MELHOR DE PERTO E PESSIMAMENTE DE LONGE

O **viés de miopia**, ao longo do tempo, também conhecido como **viés temporal**, é a tendência humana de dar maior importância às recompensas ou consequências imediatas em detrimento de benefícios ou prejuízos futuros.

Esse viés pode ser observado em diversas situações, como na tomada de decisões financeiras, hábitos de saúde e gestão de negócios. As pessoas optam por gratificações instantâneas, ignorando o impacto negativo que as escolhas podem ter a longo prazo. Esse comportamento é amplamente estudado na Psicologia e Econom

Comportamental, destacando a importância de desenvolver uma visão mais equilibrada e de longo prazo para tomar decisões mais saudáveis e sustentáveis.

Um dos testes laboratoriais mais populares sobre nossa incapacidade de decidir sobre o futuro é o experimento que ficou conhecido como *Candy Challenge*.

O *Candy Challenge* é um experimento psicológico que surgiu para testar a capacidade de autocontrole e a tomada de decisões. No desafio, uma criança é colocada em uma sala com um doce, como um marshmallow ou um pedaço de chocolate. A regra é simples: se a criança conseguir resistir à tentação e esperar por um período determinado antes de comer o doce, ela receberá mais doces como recompensa. O objetivo é avaliar a capacidade da criança de adiar a gratificação imediata em favor de uma recompensa maior no futuro.

Esse experimento é, muitas vezes, associado ao conceito de **Desafio Intertemporal**. O Desafio Intertemporal é um tema estudado na Psicologia e na Economia Comportamental que explora como as pessoas tomam decisões que envolvem trocas entre recompensas imediatas e recompensas futuras. Em essência, investiga o quanto as pessoas estão dispostas a adiar uma recompensa imediata para obter um benefício maior no futuro.

O *Candy Challenge* é um exemplo clássico do experimento, pois ilustra a luta entre a gratificação instantânea e o planejamento para o futuro. Estudos realizados com base nesse desafio mostraram que a capacidade de adiar a gratificação está associada a uma série de benefícios ao longo da vida, como melhor desempenho acadêmico e maior sucesso profissional.

Além da relevância para a Psicologia e Economia, o *Candy Challenge* tem um impacto cultural, muitas vezes aparecendo em discussões sobre autocontrole e disciplina. Serve como um lembrete de que a capacidade de resistir a tentações imediatas pode ser uma habilidade valiosa para o sucesso a longo prazo.

Em resumo, o *Candy Challenge* e o Desafio Intertemporal oferecem uma visão fascinante sobre como tomamos decisões e como o comportamento atual pode influenciar o futuro. Enquanto o primeiro oferece um teste prático da teoria, o segundo explora a complexidade das escolhas que fazemos entre gratificação imediata e recompensas futuras.

- Como definir a taxa adequada para consumo imediato ou consumo futuro?
- Como comparar e equilibrar decisões que podem se estender por longos períodos no tempo às custas de diversas gerações?

É quase impossível predizer os gostos e os costumes num ponto distante do nosso dia a dia. E podemos afirmar que nossa taxa de desconto não é corretamente calibrada.

Um exemplo claro é na gestão do dinheiro e na questão dos juros. Muitas pessoas preferem gastar agora em vez de poupar para o futuro, ignorando o poder dos juros compostos, que podem multiplicar suas economias ao longo do tempo.

Da mesma forma, ao contrair dívidas com juros altos, o impacto financeiro a longo prazo é subestimado, resultando em dificuldades financeiras futuras.

No mundo das finanças, alguns mecanismos foram criados para mitigar o risco embutido em operações futuras. Os contratos de hedge, por exemplo, nasceram com a missão de proteger negociações contra flutuações nos preços de ativos, taxas de câmbio ou taxas de juros. Mesmo assim, esse mecanismo não elimina completamente o risco.

Fatores inesperados, como mudanças abruptas nas condições de mercado, crises econômicas ou alterações regulatórias, podem impactar a eficácia do hedge. Além disso, ao proteger contra um risco específico, o contrato pode expor a empresa a outros riscos não previstos.

Portanto, enquanto os contratos de hedge são ferramentas valiosas na gestão de risco, também carregam uma imprevisibilidade inerente que exige uma análise cuidadosa e contínua.

5. NEM TUDO QUE RELUZ É OURO, NEM TUDO QUE BALANÇA CAI

Em *O Mercador de Veneza*, de William Shakespeare, há uma lição poderosa que ecoa através dos séculos: "nem tudo que reluz é ouro". A história gira em torno de Pórcia, a princesa herdeira de Belmonte, que, ao buscar o marido ideal, decide pôr à prova o verdadeiro caráter de seus pretendentes. Ela cria um teste, mas não é a riqueza ou o status que ela busca, e sim o coração mais puro dentre os candidatos. Nesse momento, a obra de William Shakespeare nos lembra de que as aparências podem enganar e que o real valor das escolhas está muitas vezes escondido abaixo daquilo que é superficial.

Pórcia apresenta aos candidatos três pequenos baús — ouro, prata e chumbo —, para que escolham conforme suas predileções. O baú de chumbo — o menos adornado de todas as opções — representa a escolha que garante ao pretendente o casamento com a rica herdeira.

A forma como as coisas se apresentam (o pacote da embalagem, a capa do livro, a primeira foto da rede social) induz as pessoas a tirarem conclusões sobre algo ou alguém sem ter plenas condições de analisar adequadamente todas as variáveis da escolha.

As pessoas julgam pela forma como embalamos a mensagem ou o conteúdo de alguma coisa. Os economistas chamam esse fenômeno de **enquadramento das opções**.

ALGUÉM COM DOMÍNIO DA FORMA COMO O CONTEÚDO É TRANSMITIDO TEM VANTAGENS SIGNIFICATIVAS EM CONSEGUIR MANIPULAR O SENTIDO DA COMPREENSÃO. ISSO DEPENDE DA MANEIRA COMO A INFORMAÇÃO É "EMPACOTADA"

Os cientistas do comportamento já comprovaram essa hipótese em diversos testes laboratoriais. Um exemplo clássico do enquadramento da informação foi descrito da seguinte forma: um grupo de pessoas foi questionado sobre a forma como lidar com uma pandemia.

Lembre-se: esse teste já foi replicado em inúmeras situações, demonstrando nossa percepção equivocada sobre o formato da informação.

Ao descrever a situação de uma pequena cidade impactada por uma epidemia, os pesquisadores informaram que há dois programas para combater a doença, que infectou 600 indivíduos. Diante desse cenário, o entrevistador indagou sobre qual solução dariam para resolver o problema da epidemia:

* **OPÇÃO A:** *Se escolher o programa A, 200 vidas serão salvas.*

* **OPÇÃO B:** *Se escolher o programa B, existe 1/3 de chance de conseguir salvar 600 pessoas e possibilidade de 2/3 de que todas morram.*

Qual programa você escolheria?

A grande maioria das pessoas normalmente escolhe o programa A. Posteriormente, os aplicadores das perguntas apresentaram as mesmas informações, porém de uma forma diferente:

* **OPÇÃO A:** *Se escolher o programa A, 400 pessoas morrerão.*

* **OPÇÃO B:** *Se escolher o programa B, há 33% de chance de que ninguém morra e 66% de chance de que todos morram.*

Qual programa você escolheria?

A partir dessa nova formulação, a grande maioria dos participantes escolhe a opção B. Se analisarmos as duas formulações, perceberemos que mudou tão somente o formato e a linguagem da opção, enquanto o conteúdo da mensagem continuou sendo matematicamente o mesmo. O enquadramento da informação influenciou as pessoas a modificarem sua escolha de A para B.

A TEORIA DO ENQUADRAMENTO TEM ORIGEM EM UM CONJUNTO DE CONCEITOS DESENVOLVIDOS PELA CIÊNCIA DA COMUNICAÇÃO, OU SEJA, NA FORMA COMO A MENSAGEM É TRANSMITIDA PARA O PÚBLICO RECEPTOR

Ao escolher o enquadramento correto, podemos expressar informações (numéricas ou verbais) logicamente equivalentes de formas distintas.

O conceito do enquadramento recebe essa nomenclatura por ser parecido com a moldura de uma pintura, que delimita o campo de informação.

Um quadro noticioso é uma moldura que serve para limitar a atenção do observador, capturando o foco dentro dos limites previamente estabelecidos, justamente porque é o emissor da mensagem quem determina os limites da sugestão.

Em suma, trata-se do controle da mensagem em vista dos resultados esperados com a transmissão da informação desta ou daquela maneira. Enquadrar é selecionar alguns aspectos de uma realidade percebida e fazê-los mais salientes em um texto comunicativo, para promover uma definição particular do problema, uma interpretação casual, uma avaliação moral e/ou uma recomendação de tratamento para o item descrito.

O enquadramento tem a utilidade de enfatizar pontos predeterminados, sugerindo significados já estabelecidos, conforme o interesse do emissor da mensagem. Trata-se da forma como a mensagem é apresentada ao público-alvo, de maneira que a inteligência da mensagem seja limitada ao quadro informativo proposto e não disperse para pontos distantes do interesse do emissor.

Trata-se não só da forma como a percepção das informações é recebida pelo indivíduo, como também do controle da própria informação

O enquadramento (*framing*) de qualquer modelo de opções é formulado com base na escolha do método comunicativo, o que implica escolher um mecanismo narrativo e excluir os demais. De forma geral, o enquadramento da comunicação influencia não somente o que pensar sobre a mensagem, mas também a forma como pensá-la.

Durante o desenvolvimento da Teoria dos Prospectos, Tversky e Kahneman usaram inúmeros exemplos para demonstrar como alterações expressivas de percepção e julgamento poderiam ser acionadas a partir de breves oscilações de significado, pela manipulação da linguagem como método de influência.

A adaptação dos significados linguísticos em proposições enunciativas, abordadas por Tversky e Kahneman, foi denominada de **falácia da conjunção**.

Segundo os autores, a falácia da conjunção decorre da intuição que viola os processos lógicos, porque pressupõe maior possibilidade da ocorrência da conjunção de dois eventos do que apenas um deles. É a ideia expressada pelo indivíduo que considera o subconjunto da afirmação maior do que o conjunto todo.

Veja o seguinte experimento.

Ao introduzir um contexto enunciativo, o participante da experiência é submetido **às seguintes** alternativas predeterminadas:

Fernanda tem 32 anos, é solteira, extrovertida e muito inteligente. Formou-se em filosofia. Como estudante, interessou-se profundamente pelas questões da discriminação e da justiça social e participou de manifestações contra a energia nuclear.

Qual das duas alternativas a seguir é mais provável?

* Fernanda é caixa do banco.
* Fernanda é caixa do banco e membro ativo do movimento feminista.

Para Tversky e Kahneman, o fato de os participantes submetidos à pergunta terem escolhido em maior número a resposta 2 viola as regras da lógica. Isso decorre da impossibilidade probabilística da consideração de um subconjunto (resposta 1) ser maior do que o conjunto (resposta 2).

A probabilidade de ocorrência da primeira opção é muito maior do que a segunda, embora os participantes tenham optado pela segunda. Nada indica, logicamente, que as características acrescentadas à informação de que Fernanda é gerente de banco implicam, automaticamente, que ela seja membro ativo do movimento feminista.

Tal erro de percepção não decorre apenas da incompreensão lógica das respostas e do fato da inadaptabilidade da mente humana aos princípios da probabilística, mas na própria atribuição aos significados utilizados na sentença. A mente ignora o fato de que a resposta número 1 tenha muito mais chance de ocorrer. Uma das maiores causas da incerteza no problema de Fernanda é o sentido do termo "provável" cujo significado é "o que acontece com frequência".

A alteração do significado da palavra na sentença proposta altera a resposta para um sentido não matemático, o que demonstra que o problema também está localizado na intuição conversacional, algo ainda mais grave do que o problema lógico.

As pessoas fazem inferências inconscientes sobre os sentidos da palavra "provável" que tornam a descrição de Fernanda relevante. A reação da mente humana aos incentivos conversacionais são problemas de compreensão de significados e de pouca apreensão lógica.

No campo do Direito, a aplicação do enquadramento noticioso já pode ser notada nas elaborações de contratos privados, especialmente das respostas relativas a seguro de vida e acidentes automobilísticos.

As opções automatizadas em padrões previamente estabelecidos não exigem a escolha consciente do contratante, de modo que cláusulas e opções de respostas pré-selecionadas induzem o contratante a informar aquilo que não tem adesão à realidade.

O enquadramento sugestional está sempre acompanhado com outros vieses do comportamento, como nossa tendência de permanecer em estado inercial, ou viés de manutenção do *status quo*, como dizem os cientistas. O viés de *status quo* é uma tendência psicológica que leva as pessoas a preferirem que as coisas permaneçam como estão, resistindo a mudanças, mesmo quando estas poderiam ser benéficas. Esse viés é amplamente observado em diversas áreas da vida, desde decisões pessoais até estratégias empresariais.

Por exemplo, para elevar taxas de adesão a planos corporativos de previdência, os empregadores inscrevem automaticamente os funcionários, de modo que a não concordância em participar do plano deve ser expressa, e não mais tácita.

Um dos exemplos mais conhecidos sobre incentivos dessa natureza foi testado com base no viés da opção padrão (*option default*) e enquadramento noticioso (*framing*), sobre o problema da escassez de doação de órgãos. Países com consentimento presumido sobre a doação de órgãos tendem a colher resultados mais satisfatórios na política pública de doação de órgãos, justamente porque as pessoas são enquadradas legalmente como "doadores presumidos".[8]

Ao tornar a opção de não doar órgãos um exercício ativo de vontade — é preciso que se faça uma declaração expressa em sentido contrário —, as pessoas acabam por ceder à inércia e não tomam concreta eventual objeção à doação de órgão. Logo, permanecem na condição de doadores eventuais por não opção.

O efeito *framing* nas decisões revela como a forma de apresentar uma informação pode influenciar significativamente as decisões e percepções das pessoas. A importância do mecanismo aumenta quando está envolvido elevado recurso financeiro. Ao moldar o contexto ou a perspectiva em que os dados são apresentados, é possível direcionar escolhas, muitas vezes, de maneira sutil e inconsciente.

---

8 - DAVIDAI, S.; GILOVICH, T.; ROSS, L. D .The meaning of default options for potential organ donors. *Proceedings of the National Academy of Sciences*, v. 109, n. 38, p. 15201-15205, set. 2012.

HOJE, NO MUNDO DE RELACIONAMENTOS VIRTUAIS, O EFEITO DO ENQUADRAMENTO É UMA PRÁTICA QUE PODE GERAR MILHÕES DE DÓLARES EM RAZÃO DO ENGANO E DA DISSIMULAÇÃO DA MENSAGEM

Um exemplo evidente dessa prática está nas miniaturas de vídeos (*thumbnails*) em plataformas como o YouTube. Essas imagens de pré-visualização são frequentemente escolhidas para atrair um público específico, mesmo que o conteúdo do vídeo não corresponda à expectativa gerada pela imagem.

Para o público masculino, por exemplo, é comum ver miniaturas com imagens sugestivas que não têm qualquer ligação com o conteúdo real do vídeo. Da mesma forma, quando o público-alvo são crianças, são usadas imagens de brinquedos ou doces, criando uma falsa expectativa, e assim por diante.

A manipulação das miniaturas não é apenas uma estratégia para aumentar visualizações; ela também representa uma forma de engano que, em alguns casos, ultrapassa os limites éticos, transformando o *framing* em uma armadilha lucrativa. O mais preocupante é que a prática é amplamente aceita e até incentivada pelas próprias plataformas, que priorizam o aumento de visualizações e o tempo de permanência dos usuários nela, independentemente da integridade do conteúdo apresentado.

Esse cenário levanta importantes questões sobre a responsabilidade ética das plataformas e dos criadores de conteúdo, além de destacar a necessidade de uma maior transparência e regulamentação no ambiente digital.

Um exemplo maligno da utilização do *framing* no contexto político foi trazido por **Dan Ariely**, conhecido cientista e estudioso do comportamento humano e seus vieses. Em seu blog, Dan Ariely reproduziu uma cédula de votação de 1938, na qual os eleitores austríacos foram confrontados com a seguinte pergunta:

> *"Você concorda com a reunificação da Áustria com o Reich Alemão, que foi promulgada em 13 de março de 1938, e você vota no partido de nosso líder, Adolf Hitler?"*

Exemplo de intervenção comportamental segundo Dan Ariely.
Fonte: Ariely (2010) Disponível em: https://danariely.com/2010/10/05/hitler-nudge/.

"Referendo e Großdeutscher Reichstag; Cédula de votação; Você concorda com a reunificação da Áustria com o Reich Alemão, que foi promulgada em 13 de março de 1938, e você vota no partido do nosso líder, Adolf Hitler? Sim. Não."[9]

O design da cédula é um exemplo clássico de como o *framing* pode manipular as percepções coletivas num ambiente de suposto exercício do direito de escolha.

A alternativa "sim" foi posicionada em um campo maior, facilitando a marcação, enquanto o "não" foi relegado a um espaço menor, menos proeminente. Além disso, a formulação da pergunta é um exemplo de *petitio principii*[10], uma figura sofística em que a conclusão desejada é assumida como premissa. Nesse caso, a reunificação da Áustria é apresentada como um dado, e o voto em Hitler como a única escolha lógica para quem apoia essa "realidade".

Ao definir os termos da proposta, manipula-se a opção do eleitor ao definir os limites do debate de maneira a favorecer uma conclusão específica. O *framing* aqui não apenas condiciona o eleitor a uma resposta, mas também restringe a percepção das opções disponíveis.

A técnica, infelizmente, não se restringe ao passado. Empresas modernas frequentemente utilizam estratégias semelhantes, criando a ilusão de livre-arbítrio quando, na verdade, desejam que optemos por uma escolha predeterminada. Ao tirar vantagem da nossa

---

9 - Tradução livre.
10 - *Petitio principii* é uma expressão latina que significa "petição de princípio". É uma falácia informal que consiste em afirmar uma tese, que se pretende demonstrar verdadeira na conclusão do argumento, já partindo do princípio de que essa mesma conclusão é verdadeira e empregando essa pressuposição em uma das premissas.

tendência de evitar mudanças ou escolhas complexas, os manipuladores nos empurram sutilmente para a decisão que melhor serve a seus interesses.

O caso da Cédula de Hitler, em 1938, serve como um lembrete sombrio do poder do *framing*, mostrando que pode ser usado para manipular, distorcer e, em última análise, controlar as escolhas, seja no contexto político ou nas decisões cotidianas.

ORACION

MAS NE

TANTO!

PARTE II

"As escolhas são as dobradiças do destino."

Pitágoras

6. O GUIA DEFINITIVO PARA A CONFIANÇA EM NEGÓCIOS

Estamos vivendo em uma era de crescente desconfiança. Desde 1972, o *General Social Survey* (GSS) mostra que a confiança entre as pessoas tem caído continuamente. E a desconfiança vai além das relações pessoais — ela se infiltra nas instituições que, afinal, são formadas por indivíduos.

QUANDO A BASE DA CONFIANÇA COMEÇA A RUIR, TANTO NAS INTERAÇÕES PESSOAIS QUANTO NAS ESTRUTURAS QUE SUSTENTAM A SOCIEDADE, PASSAMOS A QUESTIONAR TUDO AO REDOR

Mas o que isso significa para o futuro das nossas relações e para as instituições em que depositamos nossa fé?

A falta de confiança tem um impacto econômico considerável, especialmente nas relações jurídicas. Reflete-se no aumento de processos judiciais, contratos quebrados e prejuízos resolvidos pela via judicial. Quando uma disputa contratual é decidida por alguém externo à relação, inevitavelmente há uma perda econômica.

O ideal é que os tratos sejam cumpridos, pois somente as pessoas envolvidas diretamente nas relações negociais dimensionam os benefícios que podem alcançar com as trocas recíprocas.

Quando alguém de fora decide por nós, a conta fica mais cara. Esse processo eleva os custos de transação,[11] como explicou o renomado economista **Ronald Coase**.

Em um mundo em que a confiança é escassa, os contratos se tornam ferramentas essenciais para evitar que uma das partes tire vantagem indevida sobre a outra.

Embora moralmente questionável, aproveitar-se da confiança alheia não é algo incomum. No entanto, essa postura predatória é ineficiente a longo prazo. Afinal, ninguém quer fazer negócios com um trapaceiro, muito menos dar uma segunda chance para quem se aproveitou da sua confiança.

A "regra de ouro" — tratar os outros como gostaríamos de ser tratados — é um princípio fundamental tanto nas relações interpessoais quanto nos contratos. Em contratos bilaterais, essa regra e seus mecanismos são essenciais para manter relações estáveis entre partes com interesses opostos.

---

11 - COASE, R. The problem of Social Cost. The Journal of Law and Economics, Chicago, v. 3, p. 1–4, out. 1960.

Em um mundo em que não podemos confiar cegamente nos outros, precisamos de garantias

Na Teoria dos Jogos, um jogo de soma positiva ocorre quando ambas as partes de um contrato podem ganhar. Diferentemente dos jogos de soma zero — onde o ganho de uma parte significa a perda da outra —, os contratos de soma positiva beneficiam todos os envolvidos.

A "regra de ouro" não é apenas um comportamento altruísta, mas também uma cláusula eficiente para garantir o cumprimento dos contratos, comprovada matematicamente.

Cláusulas como *tag along* e *drag along*[12] são exemplos práticos desse princípio. Elas asseguram que o comportamento de uma das partes terá os mesmos efeitos para a outra. É basicamente se comprometer aos mesmos comportamentos da outra parte: "se você vender a sua parte, o mesmo preço será pago pela minha" ou "se você sair do negócio, eu saio nas mesmas condições".

O mimetismo, originalmente um conceito biológico, refere-se à capacidade de um organismo de se assemelhar a outro para obter vantagens evolutivas, como proteção ou adaptação ao ambiente. No mundo dos negócios, esse conceito pode ser traduzido em comportamentos que imitam práticas, estratégias e estilos de outras empresas ou líderes, na tentativa de alcançar o mesmo sucesso ou evitar riscos.

---

12 - Tag along é o direito de saída ou venda conjunta do sócio minoritário. Drag along é o dever de saída ou venda conjunta deste mesmo sócio/acionista.

Esse comportamento pode ser motivado por uma série de fatores, como a busca por legitimidade no mercado, o desejo de reduzir incertezas ou a pressão competitiva, promovendo a reciprocidade e o ambiente de confiança mútua.

Um exemplo notável da "regra de ouro" em ação ocorreu durante a Primeira Guerra Mundial, na famosa "Trégua de Natal", de 1914. Soldados alemães e britânicos, entrincheirados no *front* ocidental da Bélgica, suspenderam as hostilidades para celebrar o Natal juntos. Eles seguiram uma regra simples: "não atire, e eu não vou atirar". O resultado foi que os dois batalhões celebraram o Natal em meio à guerra.

Mesmo em um cenário de conflito extremo, a cooperação baseada na "regra de ouro" mostrou que todos ganham quando cooperam

Uma boa técnica jurídica pode incorporar a "regra de ouro" em contratos, criando padrões eficientes de cooperação. Para isso, as partes devem estar dispostas a estabelecer regras claras e justas entre si. Assim, os contratos se tornam não apenas documentos legais, mas também ferramentas poderosas para fomentar a confiança e o sucesso mútuo.

RACION
MAS NE
TANTO!

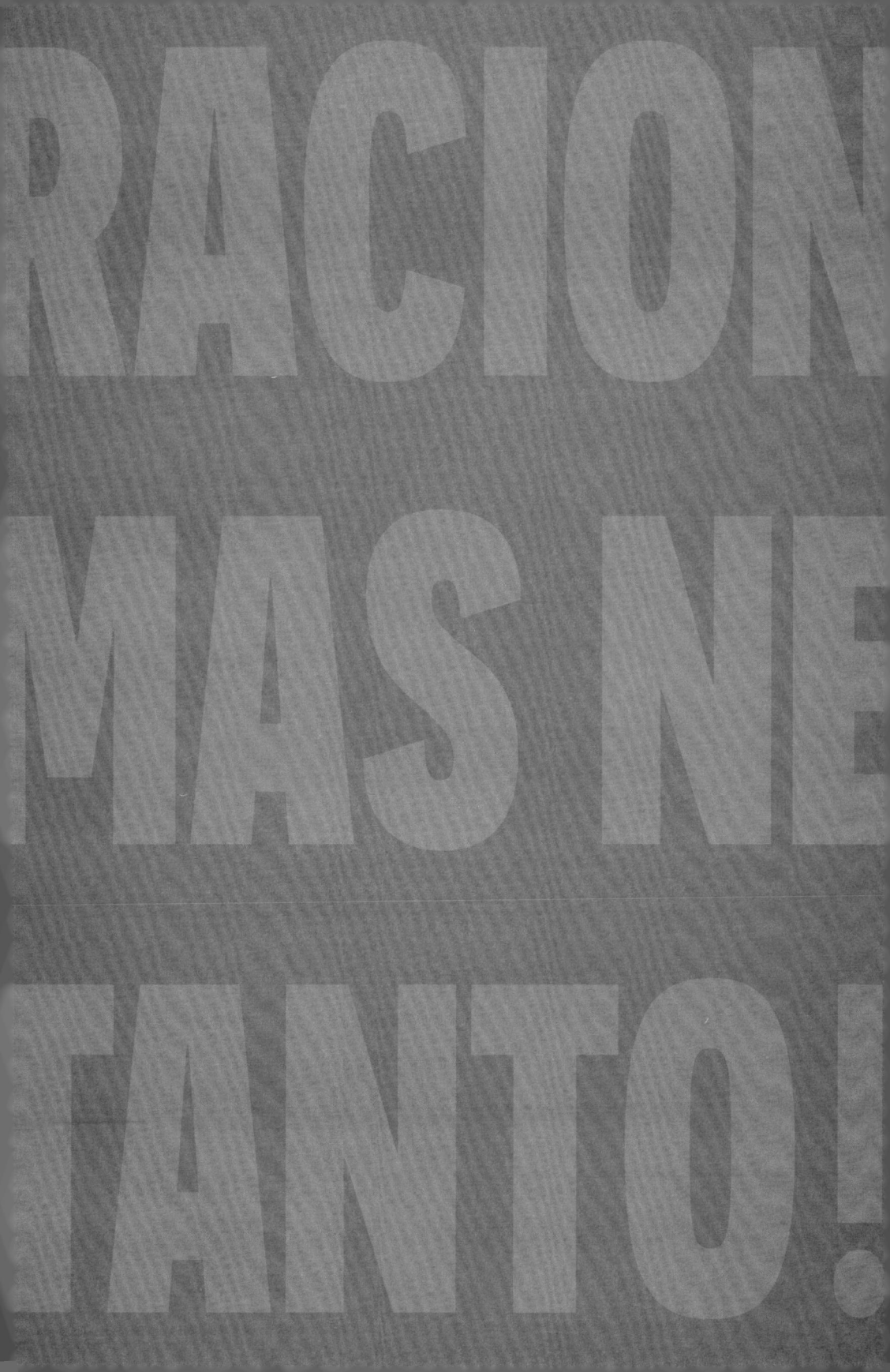

7. O MISTÉRIO DO VOO 737: EXCELÊNCIA VS. DIVERSIDADE NA ERA MODERNA

Em janeiro de 2024, mais um escândalo abalou a indústria aeronáutica dos Estados Unidos, envolvendo mais uma vez a gigante Boeing. Um Boeing 737 MAX 9 da Alaska Airlines, em pleno voo, sofreu uma explosão no painel da cabine que resultou na ruptura da fuselagem de uma porta lateral.

O incidente forçou um pouso de emergência na cidade de Portland, interrompendo abruptamente a jornada dos passageiros. Felizmente, não houve vítimas, mas o evento trouxe à tona uma discussão profunda sobre a qualidade e segurança das aeronaves e rapidamente direcionou a atenção para a Spirit AeroSystems, a empresa responsável pela fabricação da fuselagem das aeronaves da Boeing.

A análise não se limitou à qualidade dos componentes, mas também questionou como a empresa se posiciona publicamente, em especial sobre sua política de diversidade, equidade e inclusão.

A Spirit AeroSystems é amplamente reconhecida por seu robusto programa de diversidade, sendo administrada por uma diretoria que representa uma gama diversa de atributos e experiências. No entanto, este foco em diversidade colocou em evidência um dilema que muitas empresas modernas enfrentam: como equilibrar a busca pela excelência técnica com o compromisso com a diversidade?

> **Business** | Fabricante de motos
>
> **Harley-Davidson abandona iniciativas de diversidade após ataques de ativista**
>
> Empresa anunciou fará mudanças para se afastar dos programas de diversidade, equidade e inclusão
>
> **Bloomberg**
> 21/08/2024 19h19 • Atualizado 2 dias atrás

Fonte: Bloomberg (2024)
Disponível em: https://www.infomoney.com.br/business/harley-davidson-abandona-esforcos-de-diversidade-apos-ataques-de-ativista/.

Num mercado em que a competência técnica é crucial, surgiu a dúvida: a priorização de critérios de diversidade pode comprometer a qualidade dos produtos? Esse debate reacendeu as chamas entre defensores e críticos das políticas de diversidade, cada lado com argumentos fervorosos.

Não se pode negar que, em setores altamente técnicos, como a fabricação de componentes para aeronaves, qualquer falha pode ter consequências catastróficas. Logicamente, os acidentes aéreos são eventos notórios, desastres que chamam a atenção por sua natureza trágica com alto apelo midiático.

Embora não haja evidências diretas de que a diversidade na Spirit AeroSystems tenha contribuído para o acidente, a repetição de problemas técnicos no Boeing 737 MAX levanta suspeitas e medos entre as pessoas.

Em situações de alto risco, como desastres aéreos, a percepção humana tende a se basear mais na intuição do que na lógica. Como argumenta **Gerd Gigerenzer**, especialista em comportamento humano, "a intuição não é racional".[13]

---

13 - GIGERENZER, G. *O Poder da Intuição*. Rio de Janeiro: Best Seller, 2009.

Em momentos críticos, as pessoas buscam segurança e excelência, independentemente de critérios que orientam as políticas internas de diversidade

Isso nos leva a um dilema moral e prático. Quando enfrentamos uma emergência médica, por exemplo, geralmente procuramos o melhor especialista disponível, sem considerar características pessoais não relacionadas à competência técnica. Esse comportamento, embora instintivo, pode reforçar estereótipos e preconceitos, dificultando a aceitação das políticas de diversidade.

Ser uma empresa diversa não garante automaticamente a excelência. A diversidade deve ser um meio para alcançar os objetivos sociais e comerciais da empresa, e não um fim em si mesma. Formar profissionais excelentes exige mais do que simplesmente promover a inclusão em cargos e funções.

Em determinados setores, é importante que empresas não sacrifiquem a segurança e a qualidade em nome de qualquer diretriz, seja ela econômica ou moral. A prioridade deve sempre ser a segurança das pessoas e a integridade dos produtos. É esse critério que define a escolha de um médico para nossas filhas ou a companhia aérea em que confiamos para as viagens.

No final das contas, a busca pelo equilíbrio entre excelência e diversidade é um desafio complexo, mas essencial para o sucesso sustentável de qualquer organização na era moderna. Nesse cenário, não há como afastar a intuição, que reage automaticamente aos alertas provocados pela sensação de insegurança. É preciso estar atento aos sinais e, principalmente, aos efeitos que os vieses são capazes de repercutir. Políticas de inclusão e diversidade precisam contornar tais situações para realmente atingir o objetivo de serem abertas àquilo que a inclusão e a diversidade podem agregar.

A VERDADEIRA EXCELÊNCIA RESIDE NA CAPACIDADE DE INTEGRAR DIVERSOS TALENTOS E PERSPECTIVAS, MANTENDO SEMPRE O FOCO NA QUALIDADE E SEGURANÇA

8. JUIZ COM FOME JULGA MAL, ROBÔS NÃO

No final do ano passado, um vídeo se tornou viral na rede social X. Ele mostra um homem vestido com uma túnica de magistrado, acompanhado da seguinte legenda: "Finalmente, almoçando e percebendo que dei prisão perpétua a um réu, sem liberdade condicional, porque estava com fome". Embora fosse apenas uma anedota, a postagem levantou uma questão intrigante: quando estamos com fome, não tomamos as melhores decisões. E, claro, um juiz com fome julga mal. Mas a questão central não era a fome, muito menos o resultado do julgamento do suposto juiz.

A ciência comportamental frequentemente confirma aquilo que já sabemos de forma intuitiva.

A INFLUÊNCIA DE FATORES EXTERNOS NOS JULGAMENTOS FOI OBJETO DE VÁRIOS ESTUDOS ACADÊMICOS, QUE DEMONSTRARAM EMPIRICAMENTE COMO ELEMENTOS ESTRANHOS AO SISTEMA JURÍDICO PODEM INTERFERIR NAS DECISÕES

Esse fenômeno foi apelidado de *The Irrational Hungry Judge Effect*[14] ou, em tradução livre, o "Efeito Irracional do Juiz Faminto".

Um estudo liderado pelo professor Jonathan Levav, da Universidade de Columbia, mostrou que os juízes têm maior propensão a tomar decisões favoráveis no início da manhã ou logo após um intervalo, como o almoço. Segundo Levav, esse efeito faz com que até o horário da audiência se torne um fator relevante: "As chances de ser liberado são de duas a seis vezes maiores se você for um dos primeiros prisioneiros em comparação aos últimos", disse ao professor Levav em uma reportagem ao portal *Guardian*.

Essas descobertas nos levam a refletir sobre os fatores que influenciam as decisões humanas, mesmo em contextos que deveriam ser estritamente objetivos, como o sistema judiciário. A análise revelou que a probabilidade de uma decisão favorável é alta no começo do dia (cerca de 65%) e vai diminuindo gradualmente até quase zero, antes de subir novamente após uma pausa. Esse "vai e vem" nas decisões indica que o estado mental do juiz, afetado pelo cansaço e pelos intervalos, pode interferir na avaliação imparcial dos casos.

Não é novidade que a fome afeta os níveis de glicose e desequilibra o arranjo hormonal do corpo. O estresse, que eleva os níveis de cortisol, também afeta o funcionamento cerebral e, consequentemente, a capacidade de julgamento em situações cotidianas. Juízes não julgam apenas pela aplicação fria da lei, mas também por um conjunto de elementos, vivências, valores e até mesmo situações alheias ao processo e às partes envolvidas.

---

14 - DANZIGER, S.; LEVAV; Jonathan; AVNAIM-PESSO, Liora. Extraneous factors in judicial decisions. Proceedings of the National Academy of Sciences, 2011, p. 6889-6892.

O pano de fundo que dá os contornos desse debate é sobre como nos comportamos quando não estamos sob condições adequadas para decidir. Ainda, quando sabemos que as condicionantes externas prejudicam nossa capacidade de julgamento. O problema ganha relevo quando a incapacidade de descrever os sentimentos é característica de uma sociedade intelectualmente pobre, sem educação formal, e inabilitada psicologicamente para distinguir quando está com raiva ou só está com fome.

Voltemos ao problema das decisões judiciais.

Com o aumento exponencial das demandas judiciais e a crescente exigência por segurança nos julgamentos, a solução que ganha força é a inteligência artificial. Em um país onde a segurança jurídica é — ou deveria ser — um princípio essencial, garantir decisões justas e consistentes é fundamental para os negócios.

Nesse sentido, a inteligência artificial está se tornando uma aliada poderosa.

Em janeiro de 2024, o Conselho Nacional de Justiça e o Tribunal de Justiça do Rio de Janeiro firmaram acordos para desenvolver módulos na Plataforma Digital do Poder Judiciário (PDPJ-Br).

Um dos módulos visa acelerar as execuções fiscais, enquanto o outro apoia juízes e juízas com mecanismos de **Inteligência Artificial Generativa**. A geração de relatórios inteligentes que fundamentam decisões já é uma realidade, incluindo propostas de textos para decisões interlocutórias, sentenças e acórdãos, tudo analisado por algoritmos inteligentes.

Gostemos ou não da novidade, a verdade é que robôs não sentem fome. Juízes, sim. A inteligência artificial promete trazer mais precisão e imparcialidade às decisões judiciais, eliminando influências externas que possam comprometer a justiça.

ENQUANTO CONTINUAMOS A BUSCAR O EQUILÍBRIO ENTRE TECNOLOGIA E HUMANIDADE, UM FUTURO EM QUE A JUSTIÇA É SERVIDA SEM FALHAS HUMANAS PARECE CADA VEZ MAIS PRÓXIMO

9. O RASTRO E A ONÇA

Pode parecer estranho, mas muitas pessoas não entendem nada sobre avaliação de risco e simplesmente paralisam, ou dimensionam de forma equivocada o risco a que se expõem. Em contratos, é praticamente um anátema, uma maldição lançada contra os advogados e consultores de diversas áreas.

Muitas vezes, advogados não entendem sobre risco porque sintonizam uma frequência diferente de seus clientes. Quando entendem, o fazem por intuição, que no contexto jurídico nada mais é do que experiência adquirida ao longo de anos de profissão. Para um advogado, a intuição é um recurso sutil e valioso que vai além dos livros e das leis; é uma espécie de percepção imediata que auxilia na interpretação de fatos, no entendimento do comportamento das partes e na identificação de estratégias jurídicas eficazes. Esse "sexto sentido" não surge de forma repentina, mas é cultivado ao longo de anos de prática e exposição a diferentes casos e cenários. A experiência contribui para refinar essa intuição, oferecendo uma base sólida de conhecimento e vivências que permitem ao advogado antecipar possíveis desdobramentos e adaptar suas abordagens com maior precisão. Assim, a combinação entre intuição e experiência fortalece a capacidade de decisão e análise, características essenciais para o exercício jurídico assertivo e eficaz.

Ao solicitar a elaboração de contratos, muitos empresários torcem o nariz com receio daquela velha e já bem conhecida fama do advogado "freio de mão". Nesse momento, é preciso pontuar a diferença fundamental entre a avaliação de riscos e percepção de riscos. Sem a matriz detalhada dos riscos, nós acabamos por cair numa armadilha mental perigosa, conhecida por heurística da disponibilidade.

HEURÍSTICA DA DISPONIBILIDADE É TENDÊNCIA NA QUAL AS PESSOAS PREDIZEM A FREQUÊNCIA DE UM EVENTO, BASEANDO-SE NO QUÃO FÁCIL CONSEGUEM SE LEMBRAR DE ALGO SIMILAR OU CONEXO

Já a avaliação do risco é algo totalmente contrário: é um processo sistemático e técnico utilizado para identificar, analisar e avaliar os riscos potenciais que podem impactar um projeto, organização ou atividade.

O processo envolve a coleta e análise de dados para determinar a probabilidade de ocorrência de eventos adversos e as possíveis consequências dos eventos. É preciso trazer à mesa os métodos, técnicas e premissas usadas para fazer a avaliação dos riscos. Ou seja, avaliação e percepção de risco são coisas distintas.

PERCEPÇÃO DE RISCO É A MANEIRA COMO OS INDIVÍDUOS OU GRUPOS DE PESSOAS INTERPRETAM E ENTENDEM OS RISCOS

Essa percepção é subjetiva e pode ser influenciada por diversos fatores, que vão desde a mais obscura experiência pessoal das partes envolvidas, até o estado psicológico dos agentes em determinado momento do processo. A percepção do risco não é científica, mas sentimental. Daí que ela difere totalmente da avaliação do risco.

Um exemplo: as pessoas não se declaram confortáveis em morar na vizinhança de uma usina nuclear, o impacto da possibilidade é assombroso para a maioria. Por outro lado, essas mesmas pessoas não veem problemas em morar ao lado de um posto de gasolina, onde acidentes são mais frequentes, e a probabilidade da ocorrência do evento danoso é comparativamente maior.

A simples referência de uma tragédia nuclear, mesmo que remota, é mais assustadora que a possível recorrência de uma explosão de um tanque de posto de gasolina.[15]

Assim, a percepção de risco é crucial, pois pode afetar as decisões individuais que, em face de uma sensação exagerada, podem levar ao medo desproporcional e à adoção de medidas excessivas. E isso é

---

15 - LIMA, M. L. P. Percepção de Riscos Ambientais. *In*: SOCZKA, L. (org.). *Contextos Humanos e Psicologia Ambiental*. Lisboa: Fundação Calouste Gulbenkian, 2005.

uma faca de dois gumes, pois a subestimação do risco pode resultar em negligência e falta de precaução.

Para uma gestão eficaz de riscos, é importante integrar tanto a avaliação objetiva quanto a percepção subjetiva dos riscos

As partes e seus consultores devem reconhecer a importância da percepção de risco na formulação de contratos. As informações sobre riscos devem ser transmitidas de maneira clara, didática e compreensível. Ao mesmo tempo, devem basear suas decisões em avaliações de risco rigorosas, com grande arcabouço de dados aliado à *expertise* de metodologias de aplicação. Todas as informações devem compor a matriz de risco.

Em resumo, a avaliação de risco e a percepção de risco são componentes complementares da gestão de riscos. Enquanto a avaliação de risco fornece uma base científica e objetiva para a tomada de decisões, a percepção de risco reflete as influências culturais, emocionais e psicológicas que podem afetar a resposta ao risco.

Diz o ditado popular que é melhor correr do rastro do que da onça. Correr do rastro pode levar você a tomar decisões equivocadas. Um caçador experiente vai dizer se o rastro é recente, o peso da onça e o caminho que ela seguiu a partir dali.

No final das contas, um consultor experiente, que consiga compor percepção e avaliação, poderá dizer com mais certeza sobre o limite da prudência e sua capacidade de assumir riscos

PARTE III

"A tomada de decisões verdadeiramente bem-sucedida depende de um equilíbrio entre o pensamento deliberado e o instintivo."

Malcolm Gladwell

10. O VALOR DA MINHA COLEÇÃO DE LATINHAS

Guarde essa informação: segundo a principal fonte das estatísticas oficiais do Poder Judiciário, o Relatório Justiça em Números, que divulga a realidade dos tribunais brasileiros, com muitos detalhamentos da estrutura e litigiosidade, informa que existem mais de 753.059 processos de inventário, partilha e arrolamento de bens pendentes de julgamento até metade de 2024.

> **Audiência de conciliação põe fim a processo de inventário que tramitava há 17 anos na Justiça**
>
> O ato de conciliação foi presidido pela juíza Kátia Daniela de Araújo (centro)
>
> Uma audiência de conciliação, que durou três horas, envolvendo oito herdeiros, advogados, parentes e filhos que sequer existiam à época da propositura da ação, colocou fim a uma querela familiar que se arrastava há 17 anos na Justiça da Paraíba. O ato de conciliação aconteceu nessa quinta-feira (26) e foi presidido pela juíza em substituição cumulativa da 2ª Vara da Comarca de Monteiro, Kátia Daniela de Araújo.
>
> A Ação de Inventário nº 0000374-81.2000.815.0241 teve início, precisamente, no dia 20 de junho de 2000 para que se procedesse a partilha de bens, em decorrência do óbito da genitora dos autores.
>
> Fonte: Elane (2017)
> Disponível em: https://www.tjpb.jus.br/noticia/audiencia-de-conciliacao-poe-fim-a-processo-de-inventario-que-tramitava-ha-17-anos-na.

A massiva maioria desses processos envolve a divisão de bens familiares, deixados por entes queridos, que certamente não queriam que seu falecimento desse início a uma arrastada pendência judicial.

Esses processos normalmente têm um agravante: a demora em resolver o problema das partilhas acarreta perda de valor econômico. Bens sem definição da titularidade normalmente são deixados de lado, quando não abandonados, porque ninguém quer arcar com o custo da manutenção sem a garantia de solução rápida da pendência judicial.

Além disso, há um componente emocional que torna esse assunto ainda mais complexo.

Pode parecer estranho o que vou falar, mas **Ronald Coase**, ganhador do Prêmio Nobel de Economia de 1991, esqueceu uma coisa fundamental: o valor da minha coleção de latinhas.

Em 1960, Coase publicou *O Problema do Custo Social*, um trabalho que não apenas desafiaria as normas econômicas, mas que também traria à tona um novo paradigma.

O **Teorema de Coase**, em sua essência, propõe algo radicalmente simples e ao mesmo tempo revolucionário: se os direitos de propriedade estão definidos e não existem custos de transação, os agentes econômicos podem negociar entre si para alcançar uma solução eficiente, independentemente de como os recursos estão distribuídos no início.

Teoricamente, o mercado poderia resolver suas próprias falhas sem a necessidade de intervenção governamental, desde que cada um dos envolvidos tivessem bem definidos os limites dos seus direitos de propriedade, que cada pessoa envolvida na relação tivesse certeza sobre "o que é de quem". Ronald Coase era de uma simplicidade arrasadora.

Imagine um rio poluído por uma fábrica, afetando negativamente os pescadores locais. Tradicionalmente, poderíamos esperar que o governo interviesse para regular a poluição.

Segundo Coase, se os pescadores e a fábrica pudessem negociar livremente (sem custos de transação) e com direitos de propriedade bem definidos, eles poderiam chegar a um acordo mutuamente benéfico que internalizaria os custos da poluição.

A fábrica poderia pagar os pescadores para continuar operando ou investir em tecnologias de limpeza para reduzir a poluição, dependendo logicamente de solução mais eficiente economicamente.

A BELEZA DO TEOREMA DE COASE RESIDE JUSTAMENTE NA SUA INTUITIVA APLICABILIDADE

Ele sugere que as negociações privadas podem superar muitas falhas de mercado, desde que as condições certas estejam presentes. Isso desafia a ideia de que o governo deve sempre intervir para corrigir problemas, propondo que, em muitos casos, as soluções privadas são não apenas possíveis, mas também mais eficientes.

Como genial economista, Ronald Coase tem fixação pelo conceito de eficiência. Já os seres humanos normais nem tanto.

Coase argumenta que a legislação destinada a tratar o problema dos custos sociais (externalidades) frequentemente subestimava a capacidade das partes envolvidas de resolverem seus próprios problemas por meio da negociação. Ele defende que qualquer intervenção estatal deveria ser cuidadosamente avaliada em termos de seus custos e benefícios reais.

O PODER DA NEGOCIAÇÃO E A IMPORTÂNCIA DE DIREITOS DE PROPRIEDADE BEM DEFINIDOS SÃO FUNDAMENTAIS PARA ATINGIR EFICIÊNCIA ECONÔMICA

Entretanto, Ronald Coase esqueceu que o valor da minha coleção de latinhas vazias não é definido pelo peso do alumínio. Para mim, a carga emocional que envolve a coleção de latinhas está nas memórias e histórias que cada uma carrega. E aí está o problema: **o valor emocional não se traduz em números**.

Nossa vida está cheia dessas "coleções de latinhas". Pense nos conflitos que acabam nos tribunais por forte influência das emoções. Divórcios, inventários, disputas pela guarda do cachorro, brigas de trânsito etc. Muitos desses casos têm uma carga emocional enorme. Hoje, no Brasil, as pessoas não litigam apenas por dinheiro ou eficiência; mas também por sentimentos, histórias e conexões humanas.

E isso decorre da ideia — equivocada — de que o judiciário tem fundamental papel de resolução de conflitos que giram em torno de "coleções de latinhas vazias".

Como você já percebeu, a "coleção de latinhas" é apenas um recurso linguístico para se referir à carga emocional de bens e situações conflitivas que acabam por desaguar nos tribunais brasileiros, mesmo quando os direitos de propriedade estão aparentemente bem definidos.

Enfim, é mais do que urgente avaliar se as "coleções de latinhas vazias" precisam realmente de um tribunal para dizer quanto valem e quem merece consolo.

Além da questão puramente econômica, a morosidade dos processos judiciais em questões que envolvem sentimentos, como inventários e partilhas, pode amplificar a dor e o sofrimento das partes envolvidas.

Quando o desfecho de uma questão tão delicada é adiado, os envolvidos são forçados a reviver constantemente a perda e a enfrentar a incerteza quanto ao futuro. A demora não apenas prolonga o estresse emocional, mas também pode deteriorar relações familiares e agravar disputas que poderiam ser resolvidas de forma mais pacífica e harmoniosa, caso houvesse uma resolução mais célere.

11. CÉTICO POR PRECAUÇÃO OU OTIMISTA POR NECESSIDADE

Em 2023, o Brasil registrou mais de 2,1 milhões de empreendimentos fechados, segundo dados do Mapa de Empresas, boletim divulgado pelo Ministério do Empreendedorismo, da Microempresa e da Empresa de Pequeno Porte. Existe uma série de justificativas objetivas para o aumento de 25,7% de empresas fechadas em comparação com 2022.

Nenhum desses mais de dois milhões de empreendedores abriu o seu próprio negócio com o objetivo de encerrá-lo, por mais incapaz que fosse. Ninguém abre uma empresa com metas claras de arruinar o sonho de ser dono do seu nariz. Muito pelo contrário.

Quando as pessoas colocam em prática o sonho de empreender, têm em vista um cenário promissor, de melhorias na condição de suas vidas, com progresso material e estabilidade financeira.

No Brasil, mesmo com o peso burocrático que recai sobre o empreendedor, o fenômeno da autoconfiança excessiva atinge um número gigantesco de pessoas, independentemente de classe social. Do futuro CEO de uma megacorporação ao microempresário individual, todos exageram as expectativas do seu negócio. É normal que assim seja, até certo ponto.

Eu julgo que o brasileiro é um otimista por necessidade. E necessidade de sobrevivência. Mas só o desejo de dar certo não basta. Como bem observou Machado de Assis, o brasileiro é um inimigo da disciplina.

A disciplina é uma virtude que machuca, que dissipa as nuvens da ilusão e nos conecta com as fragilidades. A disciplina, mãe da organização, despeja um fardo de realidade em nossos braços.

Nesse contexto, entre um otimismo alegórico e a realidade implacável do mundo dos negócios, o brasileiro médio navega entre um CNPJ e outro em busca do sonho de ter muito dinheiro

O **viés de otimismo** é uma tendência cognitiva em que as pessoas acreditam que são menos propensas a experimentar eventos negativos e mais propensas a vivenciar eventos positivos.

Esse fenômeno mental é amplamente estudado em Psicologia, Economia e Medicina, devido às suas implicações em diversas áreas da vida cotidiana.

Uma das características marcantes do viés de otimismo é a crença de que os próprios riscos são menores do que os riscos enfrentados pelos outros.

Por exemplo, um indivíduo pode acreditar que tem menos chance de desenvolver uma doença grave, sofrer um acidente ou enfrentar dificuldades financeiras, mesmo que as estatísticas mostrem que essas possibilidades são igualmente prováveis para todos.

Essa percepção pode levar as pessoas a tomarem decisões arriscadas, subestimando os perigos e não se preparando adequadamente para possíveis adversidades.

No caso brasileiro, a vantagem de ser cético no momento de projetar negócios não deveria ser subestimada. O ceticismo pode atuar como um contrapeso ao otimismo excessivo, promovendo uma avaliação mais realista e detalhada dos riscos envolvidos.

Um empreendedor cético tende a fazer perguntas críticas, buscar informações adicionais e considerar diversos cenários possíveis antes de tomar decisões importantes

A abordagem pode ajudar a identificar potenciais problemas antes que se tornem críticos, permitindo a implementação de estratégias de mitigação mais eficazes e, em última análise, aumentando as chances de sucesso do negócio.

O viés de otimismo, portanto, pode levar à subestimação de riscos e à tomada de decisões excessivamente otimistas.

É claro que ser otimista não é totalmente negativo por si só. Na verdade, pode ter efeitos benéficos, como promover a resiliência e o bem-estar emocional. Pessoas com uma visão otimista tendem a lidar melhor com o estresse, têm maior motivação para alcançar seus objetivos e apresentam níveis mais altos de satisfação com a vida. No entanto, quando levado ao extremo, o viés de otimismo pode ser prejudicial, levando a comportamentos imprudentes e falta de preparação para eventualidades negativas.

Em termos de saúde, o viés de otimismo pode fazer com que as pessoas negligenciem exames preventivos ou ignorem sintomas de doenças, acreditando que estão imunes a problemas de saúde.

No âmbito financeiro, pode resultar em investimentos arriscados sem a devida análise dos riscos. A conscientização sobre esse viés pode ajudar a mitigar seus efeitos negativos.

Estratégias como buscar informações realistas, consultar especialistas e considerar cenários alternativos podem equilibrar a visão otimista com uma abordagem mais prudente e informada — um cético otimista que faz o arroz com feijão do dia a dia.

RACION
MAS NE
TANTO!

12. POR UMA TABELA FIPE PARA A VIDA (OU NÃO)

Já se imaginou em uma negociação em que uma das partes detém muito mais informação do que a outra, a ponto de o desconhecimento dessa informação poder levar a uma ruína total do negócio?

Imagine, por exemplo, que você está prestes a fechar uma negociação que contém uma contabilidade paralela, um defeito oculto ou uma dívida desconhecida.

Existem inúmeras situações em que a ausência completa de informações cruciais pode ser fatal. Esse fenômeno, amplamente estudado pelos economistas, é conhecido como **assimetria de informação**.

Em 1975, o economista **George Akerlof** analisou o conceito no contexto do mercado de automóveis usados nos Estados Unidos, buscando compreender por que havia tanta discrepância nos preços de modelos semelhantes.[16] Saber que um carro usado possui um defeito oculto pode ser desastroso para o comprador desprevenido. O impacto geral no mercado é ainda mais devastador.

O raciocínio é genial: quanto mais veículos de baixa qualidade estão disponíveis, menor será a qualidade média percebida

---

16 - AKERLOF, G. A. The Market for "Lemons": Quality Uncertainty and the Market Mechanism. *The Quarterly Journal of Economics*, v. 84, Issue 3, 1970.

e, consequentemente, o valor de mercado dos automóveis usados também cai. A seleção adversa faz com que vendedores desonestos acabem eliminando os honestos, ocasionando o colapso do mercado. Os vendedores honestos, incapazes de competir com a redução de preços provocada pelos desonestos, são forçados a sair do mercado.

No Brasil, encontramos uma solução prática para o problema da assimetria de informação no mercado de automóveis: a Tabela FIPE. Criada em 1985, a Tabela FIPE serve como um parâmetro para o mercado automotivo no país. Atualizada mensalmente, ela leva em conta diversos fatores, como ano de fabricação, modelo, marca, versão, quilometragem e estado de conservação do veículo. O valor apresentado na tabela representa o preço médio de mercado para o veículo em um determinado período, com base nas informações disponíveis. Assim, a Tabela FIPE é amplamente utilizada por compradores e vendedores de veículos como uma referência para avaliar o preço justo de um automóvel.

As referências, como a Tabela FIPE, são ferramentas valiosas que orientam comportamentos em mercados vastos, onde as informações estão dispersas. Elas funcionam como um farol, iluminando o caminho mais seguro.

Nem sempre essa luz é tão benéfica quanto parece, porque temos as "Tabelas FIPE" dentro de nossas cabeças.

O **efeito de ancoragem**, também conhecido como focalismo, é um viés cognitivo que descreve a tendência humana de se fixar intensamente em uma característica ou parte da informação recebida ao tomar decisões.

Em outras palavras, o efeito de ancoragem designa a dificuldade de alguém em se afastar da influência de uma primeira impressão.

Na programação neurolinguística, se manifesta como um processo que associa, de forma inconsciente e automática, uma reação interna a um estímulo exterior.

Provavelmente, você já se deparou com o preço de algo que considerou exorbitante e pensou: "Mas quem pagaria esse valor por isso?" A resposta é: depende. O valor de algo é frequentemente influenciado pela condição material e psicológica de quem faz o julgamento.

Para algumas pessoas, o preço pode parecer justo em função do benefício que esperam receber, mas pode também estar fora da média de mercado se você não tem informações de produtos similares para fins de comparação.

Esse efeito de ancoragem molda e lapida as opiniões das pessoas com base em suas experiências de vida, muitas vezes de maneira inconsciente

E é aqui que as coisas se tornam mais complexas.

Voltemos ao exemplo do carro usado. Pode ser que aquele veículo seja o xodó do vendedor, com todas as revisões feitas, sempre bem cuidado e com manutenções impecáveis. Como a Tabela FIPE se aplica a esse proprietário que deseja vender seu carro? Certamente, ele perderia dinheiro se vendesse pelo valor médio sugerido.

Esse exemplo é uma metáfora ilustrativa para explicar como as pessoas, muitas vezes, tendem a buscar soluções ou respostas em lugares "mais fáceis" ou convenientes, mesmo que não sejam os mais eficazes. No caso do bêbado que perdeu a carteira numa rua escura, ele provavelmente vai procurar sob os postes de luz, onde há iluminação, em vez de onde a carteira realmente pode estar, na escuridão. Isso ocorre porque as áreas iluminadas oferecem uma busca mais simples, embora menos provável de sucesso.

Essa analogia é usada para demonstrar um tipo de viés cognitivo: a tendência de focar aquilo que é mais acessível ou visível, em vez de nos concentrarmos no que realmente importa, mesmo que demande mais esforço ou seja mais difícil de perceber. Em termos jurídicos, por exemplo, advogados e profissionais do Direito podem, às vezes, se apegar a questões mais claras e visíveis dos casos, em vez de investigar aspectos menos evidentes, mas possivelmente mais relevantes.

Assim, é fundamental compreender quando e como essas referências atuam na mente e os efeitos que elas exercem no momento de tomar decisões. A Tabela FIPE, como muitas outras referências, nos dá a sensação de segurança em um mundo repleto de incertezas.

Mas será que estamos ancorados de forma saudável ou estamos nos prendendo a valores médios que não refletem a verdadeira riqueza das nuances do mercado e das nossas próprias vidas?

Nas relações negociais mais iteradas, cláusulas de comprometimento com a abertura integral de informações se mostram muito valiosas no contexto dos contratos, por exemplo. Elas dão clareza ao que antes se mostrava escuro.

RACIONAIS, MAS NEM TANTO

No final, cabe a cada um de nós decidir se queremos ser guiados ou se estamos dispostos a explorar o que existe além da média. Afinal, se o valor pode ser tão subjetivo quanto as emoções humanas, será que o preço justo é realmente justo para todos? Ao menos, conhecer sobre o viés que está por trás das escolhas pode ajudar a escolher melhor.

13. A PRIMEIRA IMPRESSÃO NÃO TEM SEGUNDA CHANCE

Você já deve ter entendido por que os criminosos mais bem-sucedidos estão sempre muito bem-vestidos. Sim, quando nos deparamos com alguém muito bem-vestido, com fala pomposa e trejeitos de riqueza, automaticamente associamos tais características a pessoas bem-sucedidas, logo nossos mecanismos de suspeição são automaticamente desarmados. É como se a pessoa estivesse ungida por sinais de "confiança". E é isso mesmo.

Você está sob influência do **efeito halo**. Na física, o halo é o círculo brilhante que por vezes circunda o Sol e a Lua, ocasionado pela refração da luz em minúsculos cristais de gelo em suspensão na atmosfera. Ele também é utilizado nas representações artísticas feitas ao redor da cabeça de anjos e santos.

NA PSICOLOGIA COMPORTAMENTAL É UM FENÔMENO QUE ACONTECE QUANDO A PERCEPÇÃO INICIAL SOBRE UM ITEM, PRODUTO OU INDIVÍDUO INTERFERE

NA AVALIAÇÃO DE ASPECTOS IMPORTANTES, DISTORCENDO O JULGAMENTO GLOBAL

Em avaliações de desempenho, por exemplo, o efeito halo pode se manifestar quando a simpatia do avaliador pelo avaliado contamina o resultado, levando a uma supervalorização ou subvalorização das habilidades e competências reais. O contrário também acontece: podemos avaliar alguém prejudicialmente por conta do time para o qual a pessoa torce, o perfume que usa, o jeito de falar ou de se expressar etc.

O conceito de efeito halo foi introduzido em 1920 por **Edward Lee Thorndike**,[17] psicólogo influente, cujo trabalho teve um impacto duradouro em diversas áreas da Psicologia. Thorndike observou que, ao formarmos uma primeira impressão global sobre alguém, tendemos a perceber e interpretar as características subsequentes de maneira a confirmar a impressão inicial.

Um exemplo clássico é quando um chefe considera um funcionário competente simplesmente porque ele nunca chega atrasado, ignorando outros aspectos de seu desempenho.

A pesquisa de Thorndike sobre o efeito halo revelou um aspecto fascinante do comportamento humano: a tendência a permitir que a primeira impressão molde as avaliações subsequentes. Se a primeira impressão for positiva, é provável que outras características positivas

---

17 - THORNDIKE, E. L. The Law of Effect. The American Journal of Psychology, v. 39, p. 212-222, 1927.

sejam automaticamente atribuídas à pessoa, mesmo que não haja evidências concretas para sustentar essa percepção. Essa inclinação natural pode levar a julgamentos enviesados, qualidades ou defeitos são exagerados com base na percepção inicial.

Thorndike observou como a avaliação dos comandantes militares sobre seus subordinados agrupava as características de maneira não racional. Notas como porte físico, inteligência e lealdade sempre apareciam como se tivessem sido arrastadas em função das outras características positivas. Se o soldado tivesse um porte físico avantajado, automaticamente seria considerado um bom soldado em outras qualidades que caracterizam um bom soldado.

O efeito halo não é apenas um fenômeno psicológico, mas também um modelo amplamente explorado no mundo dos negócios. CEOs, presidentes e outros executivos de alto escalão frequentemente tomam decisões influenciados por percepções distorcidas, muitas vezes caindo na armadilha do efeito halo. Por exemplo, ao avaliar candidatos para uma posição, pode-se supervalorizar determinadas características enquanto outras são negligenciadas.

O EFEITO HALO É ESTRATEGICAMENTE UTILIZADO NO MARKETING, ONDE PRODUTOS SÃO ASSOCIADOS A MARCAS OU FIGURAS POPULARES PARA GERAR UMA IMPRESSÃO INICIAL POSITIVA

Nos processos de avaliação de desempenho nas empresas, o efeito halo pode distorcer a objetividade do *feedback*, fazendo com que percepções positivas ou negativas iniciais do avaliador influenciem o processo de avaliação.

Especialistas em marketing também exploram esse efeito, utilizando associações a celebridades ou marcas renomadas para criar uma imagem favorável de seus produtos.

Atualmente, as redes sociais estão contaminadas por golpistas usando as referências "halo" como um mecanismo útil para enganar pessoas. Isso porque somos facilmente convencidos pelas percepções iniciais, que podem ter um impacto desproporcional em julgamentos subsequentes, influenciando desde decisões empresariais até interações cotidianas.

Reconhecer e mitigar esse viés é essencial para garantir avaliações mais justas e decisões mais informadas

O legado de Thorndike continua a nos lembrar da importância de analisar criticamente nossas primeiras impressões e de desenvolver mecanismos para evitar que elas distorçam nossa visão da realidade.

Pelo lado positivo, apresentar-se bem, com confiança e clareza é fundamental para estabelecer uma imagem positiva e credível. Essa primeira impressão pode abrir portas, fortalecer relações e facilitar a comunicação, criando um ambiente favorável, especialmente para contratações, negócios e demais relações profissionais. E isso não é nenhuma novidade.

O importante aqui é chamar sua atenção para:

(1) não ser vítima do efeito halo e

(2) não deixar esse ativo passar despercebido em seu favor.

Como a primeira impressão é um marco mental difícil de modificar — ativo de alto custo —, não é recomendável ignorar seus efeitos.

A PRIMEIRA IMPRESSÃO NÃO DÁ UMA SEGUNDA CHANCE

14. A CULPA NÃO É DAS ESTRELAS

Se eu pudesse rebatizar o fenômeno, chamaria de Efeito Horóscopo. No entanto, ele é tecnicamente conhecido como **Efeito Forer**, também referido como **efeito de validação subjetiva** ou **efeito Barnum**.

O Efeito Forer é um fenômeno psicológico em que indivíduos acreditam que descrições vagas e generalizadas de personalidade ou condições são altamente precisas para eles, mesmo que essas descrições possam ser aplicáveis a muitas pessoas.

Foi identificado em 1948 por **Bertram R. Forer**, que realizou um experimento mostrando que as pessoas tendem a aceitar afirmações genéricas sobre si mesmas como verdadeiras, especialmente quando são positivas e adaptáveis.[18]

> Para 23% dos brasileiros, signo é crucial para o sucesso do relacionamento
>
> Publicado em 06/01/2020 - 12:46   Vera Batista   Servidor

Fonte: Batista (2020)
Disponível em: https://blogs.correiobraziliense.com.br/servidor/
para-23-dos-brasileiros-o-signo-e-crucial-para-o-sucesso-do-relacionamento/.

---

18 - FORER, B. R. The fallacy of personal validation: A classroom demonstration of gullibility. *Journal of Abnormal and Social use: Psychology*, v. 44, n. 1, p. 118-123, 1949.

Por mais surpreendente que possa parecer, as previsões econômicas se assemelham mais a tirinhas de horóscopo do que a uma ciência exata. Até hoje, pouquíssimas previsões acertaram com precisão as crises e recessões econômicas. A simples constatação não impede que numerosos recursos sejam destinados a departamentos inteiros focados em prever o que está por vir em termos econômicos.

Esse fenômeno claramente influencia o comportamento das pessoas. Ao receber uma previsão geral sobre um cenário macroeconômico, é natural que as pessoas assumam que sofrerão os mesmos efeitos em suas condições particulares. Da mesma forma, quem acredita em horóscopo tende a acreditar que os eventos ocorridos em suas vidas têm relação direta com a vontade dos astros.

A situação se torna ainda mais complexa com a observação do economista austríaco e ganhador do Nobel de Economia **Friedrich Hayek**. Ele declarou que os próprios economistas são inseguros quanto às suas previsões e que a tendência de apresentar suas descobertas com a certeza da linguagem científica é enganosa e "poderia ter efeitos deploráveis".

A revelação, feita há cerca de 40 anos, foi amplamente esquecida ou ignorada. Um dos problemas com a previsão econômica é que uma pequena mudança em algumas variáveis pode tornar as previsões quase impossivelmente complexas.

Para ilustrar essa complexidade, a BBC produziu um documentário de quatro capítulos sobre a falibilidade das previsões econômicas durante a crise mundial de 2008 e reproduziu o experimento do professor britânico **Michael Berry** sobre a previsibilidade do caminho de uma bola de sinuca após ser atingida. Prever a trajetória da primeira bola foi fácil; o segundo impacto tornou-se mais complicado, mas ainda possível.

No entanto, para prever corretamente o 9º impacto, seria necessário levar em conta a atração gravitacional de alguém parado por perto. Para prever o 56º impacto, seria preciso incluir o efeito de cada partícula no Universo. Imagine então a complexidade dos efeitos econômicos em termos mundiais.

No campo do Direito, o Efeito Forer pode influenciar interpretações errôneas de fatos tidos como genéricos ou a aceitação de argumentos baseados em descrições gerais, impactando o julgamento dos casos de maneira individualizada.

Nos negócios, o Efeito Forer pode ser explorado em áreas como marketing e recursos humanos. No marketing, ele pode ser utilizado para criar perfis de consumidores ou previsões de comportamento que, embora sejam generalizações, são aceitas pelos indivíduos como altamente precisas, influenciando suas decisões de compra.

Um exemplo é o *slogan* "todo mundo já comprou, você vai ficar de fora?" Em recursos humanos, o Efeito Forer pode ser observado em processos de seleção, em que descrições de perfis de candidatos ou avaliações de desempenho, mesmo sendo vagas, são aceitas como representações precisas do indivíduo, influenciando decisões de contratação ou promoção.

Em ambos os campos, o conhecimento do Efeito Forer é essencial para evitar generalizações indevidas e garantir que decisões sejam baseadas em informações específicas e objetivas, em vez de generalizações que podem não refletir a realidade.

A reflexão que fica é: quantas vezes deixamos que generalizações confortáveis guiem nossas decisões, em vez de buscar a precisão que a realidade exige?

15. QUANDO PULAR DE UM BARCO AFUNDANDO?

A história do naufrágio do RMS Titanic, de 1912, é uma das mais marcantes da humanidade. Apenas 30% dos passageiros sobreviveram e as representações cinematográficas dessa tragédia revelam algo intrigante: por que tantas pessoas hesitaram em abandonar o navio?

Talvez nunca saibamos se foram levadas a crer que tudo estava sob controle. É comum em acidentes dessa natureza observarmos comportamentos em que as pessoas permanecem a bordo até o último instante, alimentando uma esperança de que algo possa mudar, mesmo diante de sinais claros de uma tragédia inevitável.

Esse comportamento tem sido amplamente documentado na literatura acadêmica, mas sua compreensão parece não ter se enraizado no cotidiano das pessoas.

Pedidos de recuperação judicial aumentam quase 70% em 2023, aponta Serasa

Segundo o indicador de Falência e Recuperação Judicial da Serasa Experian, a Justiça recebeu 1.405 solicitações do tipo no ano passado. (Crédito: Freepik)

Fonte: Rocha (2024) Disponível em: https://istoedinheiro.com.br/pedidos-de-recuperacao-judicial-sobem-em-2023/.

Na economia, **custos irrecuperáveis**, também conhecidos como **custos afundados** ou **incorridos** (*sunk costs*), referem-se a recursos empregados na construção de ativos que, uma vez realizados, não podem ser recuperados de maneira significativa. Muitas vezes, evitamos reconhecer que chegou a hora de pular do navio.

Em 2023, o aumento no número de falências e recuperações judiciais no Brasil não pode ser explicado apenas pelo desempenho macroeconômico, mas também pela leniência em reconhecer os sinais de que um negócio está em declínio. E não são apenas os pequenos empresários que caem na armadilha de se apegar aos investimentos já realizados; grandes empresários também são vítimas de suas próprias armadilhas mentais.

O exemplo do projeto do avião Concorde é emblemático. Mesmo após o modelo ter perdido viabilidade econômica, os governos francês e inglês continuaram a financiar seu desenvolvimento. O projeto foi reconhecido pelo governo inglês como um desastre comercial que "nunca deveria ter sido iniciado". No entanto, questões políticas e legais tornaram impossível para ambos os governos abandonarem o projeto antes de outubro de 2003. No Brasil, a falácia dos custos afundados pegou em cheio os investidores das empresas X, de Eike Batista, que tentaram aplicar o mecanismo da pirâmide invertida, isto é, investir mais dinheiro quando o negócio já dava sinais de bancarrota.

O MAIS INTERESSANTE É QUE A FALÁCIA DOS CUSTOS IRRECUPERÁVEIS NÃO SE LIMITA

AO CAMPO DOS NEGÓCIOS ELA ENCONTRA PARALELOS EM RELACIONAMENTOS FRUSTRADOS, EMPREGOS SEM PERSPECTIVA E AMIZADES TÓXICAS

Fatores psicológicos, como a aversão à perda e o apego emocional a investimentos passados, alimentam esse viés. A aversão à perda é a tendência de evitar perdas a qualquer custo, mesmo que implique abrir mão de ganhos potenciais. Esse medo pode nos levar a decisões irracionais, em que preferimos evitar perdas a buscar ganhos equivalentes.

Esse viés nos faz persistir em projetos ou decisões que já não são racionais, movidos pelo medo da perda. Superar a aversão à perda exige que nos concentremos nos benefícios futuros e sejamos receptivos à mudança. Avaliar a situação objetivamente e considerar as perspectivas futuras nos permite tomar decisões mais informadas, livres do medo da perda.

Da mesma forma, o apego emocional a investimentos passados pode nos levar a decisões irracionais. Desistir de uma escolha que deu errado envolve sentimentos de vergonha, arrependimento e decepção, e lidar com esses sentimentos nunca é fácil.

Quando nos envolvemos emocionalmente com uma decisão, tendemos a continuar investindo nela, mesmo que já não faça sentido. O apego pode gerar medo do arrependimento e a relutância em renunciar o tempo e dinheiro já investidos, mesmo que não nos beneficie.

É fácil perder a clareza quando estamos profundamente envolvidos. Se você se encontrar nesse ciclo de obstinação, dê um passo para trás e observe sua situação de um ponto de vista externo.

O DISTANCIAMENTO PODE AJUDÁ-LO A DISTINGUIR ENTRE FATORES IMPORTANTES E DISTRAÇÕES

Após ganhar clareza, é hora de focar os dados objetivos. Revisar os planos de investimento, comparar os benefícios futuros e analisar situações semelhantes pode tornar mais evidente a necessidade de abandonar um projeto. Devemos priorizar os resultados potenciais.

Reavaliar o plano inicial e utilizar novas métricas de viabilidade é essencial para uma tomada de decisão eficaz, especialmente quando os custos atuais superam os benefícios futuros.

A mudança pode ser assustadora, mas, se ela tem o potencial de melhorar a situação, é preciso estar disposto a tentar. Ao reconhecer quando uma decisão já não é vantajosa e ajustá-la adequadamente, podemos nos libertar dos custos irrecuperáveis e focar novas possibilidades de sucesso.

A falácia dos custos irrecuperáveis é um viés cognitivo generalizado que pode levar à tomada de decisões irracionais, tanto na vida pessoal quanto profissional.

COMPREENDER OS FATORES PSICOLÓGICOS SUBJACENTES, COMO A AVERSÃO À PERDA E O APEGO EMOCIONAL, E ADOTAR ESTRATÉGIAS COMO FOCAR OS CUSTOS E BENEFÍCIOS FUTUROS E ABRAÇAR A MUDANÇA PODE NOS AJUDAR A SUPERAR ESSA FALÁCIA E TOMAR DECISÕES MAIS CONSCIENTES

16. VOCÊ PREFERE ACREDITAR EM MIM OU NOS SEUS OLHOS?

Groucho Marx, comediante e ator norte-americano do século XX, ficou conhecido por suas tiradas irônicas, uma das quais abre este capítulo. Groucho usava a sagacidade para destacar a dificuldade que os americanos tinham em perceber a realidade, muitas vezes presos às convicções de celebridades, renunciando à análise crítica da situação. De fato, é muito mais aconchegante se colocar num espaço de conforto e deixar que terceiros pensem por nós.

No campo da Economia e da Psicologia Comportamental, esse fenômeno é compreendido como uma tendência automática de rejeitar novas informações ou evidências que contradizem normas, crenças ou paradigmas já consolidados. Essa resistência é ainda mais forte quando as novas informações desafiam uma autoridade estabelecida.

O médico húngaro **Ignaz Semmelweis** foi um dos primeiros a identificar esse comportamento. No século XIX, ele observou que as taxas de mortalidade das mulheres parturientes caíam significativamente quando os médicos higienizavam as mãos com uma solução de cloro antes de atenderem outra paciente, sobretudo após autópsias.

Apesar da comprovada eficácia da desinfecção das mãos, a Teoria de Semmelweis foi recusada pela comunidade médica da época, que se negava a aceitar que "partículas cadavéricas" (patógenos) pudessem ser transmitidas pelas mãos dos médicos, então considerados cavalheiros intocáveis. Suas descobertas ocorreram cerca de vinte anos antes da validação da Teoria dos Germes.

O **viés de confirmação** é a tendência de procurar, interpretar e recordar informações de maneira que corroborem crenças ou valores preestabelecidos. Quando Semmelweis sugeriu a prática da lavagem das mãos, ele encontrou resistência por parte de seus colegas, que acreditavam firmemente em outras teorias sobre a transmissão de doenças, como a disseminação por "ar ruim".

Também era uma crença difundida que a febre puerperal se devia à fragilidade natural das pacientes. A ideia de que lavar as mãos poderia evitar a doença foi rejeitada, apesar das evidências inequívocas de sua eficácia. O caso de Semmelweis também ilustra como as pessoas são inclinadas a seguir as opiniões de figuras de autoridade.

Historicamente, alinhar-se com as crenças das autoridades não só era uma estratégia de sobrevivência, mas também garantia um acesso mais fácil aos recursos no topo da hierarquia social. Aderir a essas crenças já postas proporciona conforto mental, diminuindo a disposição para considerar evidências que desafiam teorias estabelecidas.

Daniel Kahneman observa em *Rápido e Devagar: Duas Formas de Pensar*,[19] que esse comportamento pode levar à "cegueira induzida pela teoria".

No contexto de multiplicação de canais de autoridade, especialmente no campo da influência, é necessário identificar qual proporção do comportamento é conduzida pelo reflexo do comportamento

---

19 - KAHNEMAN, D. *Rápido e Devagar*. Rio de Janeiro: Objetiva, 2012.

advindo de fontes alheias, sejam crenças abstratas, padrões sociais ou influências de pessoas.

Hoje, a influência se tornou um elemento central nas escolhas que fazemos. Cada vez mais, *influencers* adotam mecanismos de sugestão sofisticados, que, embora disfarçados, exploram as mesmas vulnerabilidades mentais de antigos paradigmas de autoridade.

Esse novo poder de persuasão leva as pessoas a agir contra a própria consciência, muitas vezes sem perceber

E, assim, o ciclo se completa: a influência moderna, sutil e quase imperceptível molda decisões e comportamentos, deixando-nos com uma reflexão inquietante sobre até que ponto estamos realmente no controle de nossas escolhas.

17. COOL-OFF

Imagine querer acessar seu próprio dinheiro e ser impedido por uma cláusula contratual. Se você já tentou sacar investimentos de um plano de previdência, é provável que tenha enfrentado isso.

A famosa cláusula *cool-off* entra em cena justamente nesses momentos, bloqueando a retirada do seu investimento por 30 dias após você expressar a intenção de resgate. Essa cláusula, embora frustrante, serve como um mecanismo de proteção, oferecendo um período para refletir antes que a decisão seja finalizada.

Talvez você se pergunte: "Mas por que precisam me proteger de mim mesmo?" Na verdade, a pergunta é outra: por que não devemos tomar decisões importantes de cabeça quente?

Originalmente, uma cláusula *cool-off*, ou cláusula de período de reflexão, é uma disposição contratual que permite a uma das partes envolvidas desistir do contrato dentro de um período específico após sua assinatura, sem a imposição de penalidades. A cláusula é bastante comum em contratos de consumo, em que o consumidor tem o direito de reconsiderar a decisão de compra após uma análise mais detalhada, evitando decisões precipitadas ou influenciadas por pressões comerciais.

O OBJETIVO PRINCIPAL DA CLÁUSULA *COOL-OFF* É PROTEGER O CONSUMIDOR, PROPORCIONANDO UM TEMPO PARA REFLEXÃO E GARANTINDO QUE A DECISÃO TOMADA SEJA REALMENTE A MELHOR

Esse período pode variar de acordo com a legislação aplicável ou com as especificidades do contrato.

No contexto jurídico, a cláusula *cool-off* também pode ser aplicada em outros tipos de contratos, como acordos de parceria ou de prestação de serviços, em que as partes precisam de uma garantia adicional para tomar decisões mais informadas. Essa cláusula reforça a ideia de equilíbrio nas relações contratuais, oferecendo uma camada extra de segurança para quem a ela recorre.

Embora possa parecer uma violação da liberdade, o mecanismo reflete uma verdade essencial sobre nós: agimos por impulso. Nossa tendência é superestimar como o "eu futuro" compartilhará preferências e valores atuais, o que pode levar a escolhas imprudentes.

Experimente um simples teste: ao desejar comprar algo que viu no shopping, mas que não estava nos seus planos, adie a compra para o dia seguinte. É muito provável que não retorne para finalizá-la. Esse é um exemplo de como mecanismos de autocontenção, tanto legais quanto contratuais, ajudam a moderar os impulsos.

Na Coreia do Sul, uma mudança no Código Civil revelou uma diminuição nos divórcios após a introdução de um período de reflexão: três meses para casais com filhos pequenos e um mês para casais sem filhos.[20] Esse intervalo permite que as emoções se acalmem e as decisões sejam mais ponderadas.

Da mesma forma, é prudente evitar decisões importantes sob pressão psicológica intensa, seja na negociação de condições de trabalho ou em transações sensíveis como heranças.

---

20 - WIE, D.; KIM, H. Between Calm and Passion: The Cooling-Off Period and Divorce Decisions in Korea. Feminist Economics, p. 187-214, 2015.

Resfriar a cabeça e dar tempo ao tempo tem se mostrado eficaz para evitar escolhas precipitadas e garantir decisões mais acertadas

ONDE VOCÊ ESTARÁ DEPOIS DE LER ESTE LIVRO

Pode parecer surpreendente, mas, ao final desta jornada, a verdade que se revela é que, ao contrário da ideia de que somos seres totalmente racionais e capazes de decidir perfeitamente, o cérebro é, na verdade, uma máquina engenhosa de criar armadilhas e ilusões.

Nossos ancestrais foram mestres em criar estratégias para nos proteger dos perigos naturais, e muitas das nossas heurísticas mentais, como o efeito manada e o viés de ancoragem, foram cruciais para nossa sobrevivência em tempos de escassez.

Com o avanço para a era pós-industrial, esses mesmos atalhos mentais que um dia nos ajudaram agora podem se voltar contra nós.

Reconhecer nossa vulnerabilidade é o primeiro passo para tomar decisões mais acertadas. Embora nenhuma escolha seja garantida como perfeita, aprimorar decisões reduz significativamente o risco de escolhas desastrosas.

A CONSCIÊNCIA DA NOSSA PRÓPRIA LIMITAÇÃO COGNITIVA É UM CHAMADO À AÇÃO: RECONHECER PARA ENTENDER E AGIR

Neste livro, exploramos experiências valiosas de cientistas do comportamento, sejam eles juristas, sociólogos, economistas ou psicólogos. A lacuna em nossa racionalidade precisa ser preenchida com conhecimento e, embora muitos desses *insights* estejam ligados às obrigações legais e econômicas, têm um impacto profundo em nossas vidas emocionais.

No final das contas, uma escolha malfeita pode nos levar a uma vida de dificuldades financeiras, nos privar do tempo com entes queridos e nos expor a vícios e doenças. Não sejamos vítimas de nós mesmos; já existem muitas pessoas dispostas a explorar nossas falhas cognitivas em benefício próprio.

Este livro é um guia para evitar tais armadilhas. Conheça a si mesmo! Aprenda a identificar os atalhos mentais que podem salvar você de escolhas prejudiciais e evite a espiral de arrependimentos e lamentações.

Vamos em frente! Que nossas decisões se tornem cada vez mais sábias a cada dia.

O futuro está em nossas mãos, moldado pelas escolhas que fazemos. Que possamos avançar com mais clareza e propósito, transformando desafios em oportunidades e garantindo que nossas decisões sejam os alicerces de um futuro melhor

SEMPRE HAVERÁ UMA FESTA MELHOR QUE A MINHA

Uma das sensações mais angustiantes ao fazer escolhas estratégicas é o sentimento de estar perdendo algo. O desconforto causado pela ideia de que existe "algo melhor" ao nosso alcance — e que esse "algo" nos escapa por pura inércia — pode ser devastador.

Primeiramente, sempre haverá algo melhor em relação à nossa condição atual ou à escolha feita. Essa é a marcha natural do progresso. Se as pessoas parassem no tempo, a humanidade nunca teria alcançado o conforto material de que hoje desfruta.

Em segundo lugar, a plena satisfação com a própria condição é uma ilusão materialista, um conceito pertencente à utopia. Nunca houve, na história da humanidade, um acordo coletivo para interromper nosso crescimento. Poucos sábios na história foram plenos durante a vida.

Mas por que nos angustiamos com a sensação de perda? Essa é uma pergunta sem resposta simples. Em inglês, esse fenômeno é chamado de FOMO — Fear of Missing Out —, que nada mais é do que o medo de perder algo ou ficar de fora de eventos e oportunidades.

Se a ansiedade é o mal psicológico deste século, o FOMO é seu principal combustível. No mercado financeiro, isso é absolutamente destrutivo e leva muitas pessoas à ruína. Ondas e tendências induzem investidores a alternarem freneticamente suas posições por medo de perderem uma oportunidade melhor. Esse comportamento alimenta uma espiral perigosa de preços instáveis e retroalimentados, resultando em prejuízos incalculáveis.

O dinamismo do mercado de ações, por si só, é uma virtude econômica. O problema surge quando o medo de estar perdendo algo prejudica decisões fundamentadas em análises mais profundas. Chegamos até aqui — em termos de acesso a mercados e distribuição de riquezas — não pela tentação de mudar de posições a cada momento, mas pelo compromisso com objetivos mais duradouros.

QUALQUER META — SEJA PESSOAL OU COLETIVA — EXIGE MAIS TEMPO E ESFORÇO DO QUE INICIALMENTE IMAGINAMOS

Segundo diversos artigos sobre FOMO, sua origem está ligada à expressão "Keeping up with the Joneses", que se refere à ideia de tentar acompanhar o status social dos vizinhos mais ricos, os "Joneses". Em sociedades extremamente competitivas, como a norte-americana, a comparação constante com padrões mais elevados estimula as pessoas a se esforçarem para acumular bens materiais, numa tentativa de não ficarem para trás.

Entretanto, não há uma linha de chegada clara. A corrida pela melhor oportunidade é interminável, e é aí que começa o problema.

O que antes era apenas um viés cognitivo identificado em processos decisórios específicos se tornou um comportamento altamente repetitivo e prejudicial para as novas gerações.

Hoje, com o excesso de informações à sua disposição, a busca pelo "melhor" transforma-se numa corrida de comparações sem sentido prático, mas com muitos efeitos negativos. Especialmente em questão de saúde mental.

Isso afeta várias áreas da vida, como a decisão de concluir um curso superior, manter um relacionamento ou permanecer no emprego atual

A mais nova geração de usuários da internet parece ainda mais vulnerável ao "FOMO digital". Estimuladas pela exposição excessiva de personalidades nas redes sociais, as pessoas aspiram a um padrão inalcançável para muitos. Nesses casos, o FOMO pode rapidamente se transformar em distúrbios de personalidade, como episódios de depressão, causados pela frustração e ansiedade de não alcançar o nível de seus "ídolos digitais".

Em resposta ao FOMO, muitos têm aderido ao JOMO — Joy of Missing Out —, ou seja, a alegria de estar fora. Teóricos organizacionais têm defendido que não estar disponível para tudo e para todos e, principalmente, não se comparar com tudo e todos não é algo ruim. E de fato não é.

O JOMO defende que devemos parar de nos comparar de maneira nociva com os outros e aproveitar a jornada que escolhemos seguir. Não vale a pena tentar agradar pessoas indiferentes ao nosso crescimento pessoal.

> **SEMPRE HAVERÁ MELHORES OPORTUNIDADES E PESSOAS MAIS BEM-SUCEDIDAS; LOGO, NOSSA JORNADA É BASTANTE SINGULAR E DIZ RESPEITO TÃO SOMENTE A NÓS MESMOS, NO MÁXIMO A POUCAS PESSOAS LIGADAS AO NOSSO CÍRCULO MAIS PRÓXIMO**

Na verdade, o JOMO não é algo novo. Diversas religiões e filosofias já ensinavam que a austeridade e a temperança são elementos do caminho que nos conduzem para uma vida mais serena, paciente e equilibrada.

Viver melhor não significa ter mais. Viver mais não significa ter mais oportunidades.

Como disse São Josemaría Escrivá em seu livro *Caminho*: "Cumpre o pequeno dever de cada momento; faz o que deves e está no que fazes".

Não deixe sua mente conduzir você por esse labirinto perigoso da comparação ineficaz. Lembre-se de que você é a medida de todas as coisas e, na maioria das vezes, a perseverança compensa mais do que a ganância passageira.

AGRADECIMENTOS

Há algum tempo, venho querendo compartilhar algumas reflexões que surgiram durante meus estudos no Programa de Doutorado em Direito da Pontifícia Universidade Católica do Paraná. Este trabalho compila uma pequena parte daqueles estudos acadêmicos, que considero a mais relevante.

Não poderia deixar de expressar minha gratidão a todos os professores daquele período, sobretudo à Professora Márcia Carla Pereira Ribeiro, minha orientadora.

Quero também agradecer especialmente a Rodrigo Gaião, sócio e fundador da Gaião Advocacia. Nossa longa amizade me proporcionou, após vinte anos, a oportunidade de integrar a equipe do melhor escritório de advocacia empresarial em Curitiba (PR).

À minha família, minhas filhas e, especialmente, à minha esposa. Tenho a sorte de contar com a melhor crítica do meu trabalho em casa. Quando minha mente começa a voar alto demais, é ela quem segura o fio e traz a pipa de volta ao solo. Um sonhador inato como eu precisa desse espírito sereno para não se perder na jornada.

A Deus e à Virgem Maria Santíssima, minha profunda gratidão. Sou um pequeno católico, ciente das minhas limitações. Gostaria de ter a grandeza dos santos, mas, como disse São Paulo, "tenho um espinho na carne". Esse talvez seja meu maior desafio, o que não me impede de agradecer por cada bênção recebida.

Por fim, a você, leitor e amigo, agradeço por permitir que eu faça parte de uma pequena jornada em sua vida. Espero que esta experiência seja proveitosa e agradável. Muito obrigado.

RACION
MAS NE
TANTO!

RECOMENDAÇÕES BIBLIOGRÁFICAS

AKERLOF, G. A. The Market for "Lemons": Quality Uncertainty and the Market Mechanism. *The Quarterly Journal of Economics*, v. 84, n. 3, 1970.

AKERLOFF, G. A.; SHILLER, R. J. *Pescando Tolos*: a economia da manipulação e da fraude. Rio de Janeiro: Alta Books, 2016.

AKERLOFF, G. A.; SHILLER, R. J. *O espírito Animal*. Rio de Janeiro: Elsevier, 2009.

ARIELY, D. *Positivamente Irracional*. Rio de Janeiro: Elsevier, 2010.

ARIELY, D.; KREISLER, J. *A psicologia do dinheiro*: como tomar decisões financeiras mais inteligentes. Rio de Janeiro: Sextante, 2019.

BIMBENET, É. *O animal que não sou mais*. Curitiba: Editora UFPR, 2014.

COASE, R. The problem of Social Cost. *The Journal of Law and Economics*, Chicago, v. 3, p. 1-44, out. 1960.

DANZIGER, S.; LEVAV; J.; AVNAIM-PESSO, L. Extraneous factors in judicial decisions. Proceedings of the National Academy of Sciences, p. 6889-6892, 2011.

DAVIDAI, S.; GILOVICH, T.; ROSS, L. D. The meaning of default options for potential organ donors. *Proceedings of the National Academy of Sciences*, v. 109, n. 38, p. 15201-15205, set. 2012.

DOMINGUES, V. H. Vieses e Heurísticas. *In*: RIBEIRO, Marcia Carla Pereira; DOMINGUES, Victor Hugo; KLEIN, Vinícius (org.). Análise Econômica do Direito. Curitiba: Editora CRV, 2016.

DOMINGUES, V. H.; RIBEIRO, M. C. P. Economia comportamental e direito: a racionalidade em mudança. *Revista Brasileira de Políticas Públicas*, v. 8, n. 2, p. 457-471, ago. 2018.

DUTRA, R. *Enviesados*: psicologia e vieses cognitivos no design para criar produtos e serviços que ajudam usuários a tomarem melhores decisões. Três Rios: Ed. do Autor, 2022.

EPSTEIN, R. Behavioral Economics: Human Errors and Market Corrections. *University of Chicago Law Review*, Chicago, n. 73.1, p. 111-132, 2006.

FERREIRA, V. R. M. *Psicologia econômica*: origens, modelos, propostas. 2007. 327 f. Tese (Doutorado em Psicologia) – Pontifícia Universidade Católica de São Paulo, São Paulo, 2007.

FORER, B. R. The fallacy of personal validation: A classroom demonstration of gullibility. American Psychological Association. *Journal of Abnormal and Social Psychology*, v. 44, n. 1, p. 118-123, 1949.

GIGERENZER, G. *O Poder da Intuição*. Rio de Janeiro: Best Seller, 2009.

HALPERN, D. *Inside the Nudg Unit*. Londres: Ebury Publishing, 2015.

HANNIKAINEN, I. *et al*. A deterministic worldview promotes approval of state paternalism. *Journal of Experimental Social Psychology*, v. 70, p. 251-259, maio 2017.

HANSON, J. D.; KYSAR, D. A. Taking behavioralism seriously: some evidence of the problem of market manipulation. *Harvard Law Review*, v. 112, p. 1420-1572, maio 1999.

HEUKELOM, F. *Behavioral economics*: a history. New York: Cambridge University Press, 2014. Kindle Edition, posição 1758.

HODSON, J. D. The Principle of Paternalism. *American Philosophical Quarterly*, v. 14, p. 61-69, jan. 1977.

JOLLS, C. *et al*. A Behavioral Approach to Law and Economics. *In*: SUSTEIN, C. R. (coord.). *Behavioral Law & Economics*. New York: Cambridge University Press, 2000.

JOLLS, C.; SUNSTEIN, C. R. Debiasing through Law. *The Journal of Legal Studies*, v. 35, n. 1, p. 199-242, jan. 2006.

KAHNEMAN, D. *Rápido e Devagar*. Rio de Janeiro: Objetiva, 2012.

KEYNES, J. M. A Teoria Geral do Emprego do Juro e da Moeda. São Paulo: Nova Cultural, 1996. (Coleção Os Economistas).

KOROBKIN, R. B. The Problems with Heuristics for Law. *School of Law, Law & Econ Research Paper*, n. 4-1, fev. 2004. DOI: http://dx.doi.org/10.2139/ssrn.496462. Disponível em: SSRN: https://ssrn.com/abstract=496462.

KOROBKIN, R. B.; ULEN, T. S. Law and Behavioral Science: Removing Rationality Assumption from Law and Economics. *California Law Review*, v. 88, p. 1060-1066, 2000.

LIMA, M. L. P. Percepção de Riscos Ambientais. *In*: SOCZKA, L. (org.). *Contextos Humanos e Psicologia Ambiental*. Lisboa: Fundação Calouste Gulbenkian, 2005.

LOEWENSTEIN. G.; UBEL, P. Economics Behaving Badly. The New York Times, 15 jul. 2010. Disponível em: https://www.nytimes.com/2010/07/15/opinion/15loewenstein.html. Acesso em: 11 nov. 2019.

MURAMATSU, R. Lições da Economia Comportamental para o Desenvolvimento e a Pobreza. *In*: ÁVILA, F.; BIANCHI, A. M. (org.). *Guia de economia comportamental e experimental*. Tradução de Laura Teixeira Motta. São Paulo: EconomiaComportamental.org, 2015.

MURAMATSU, R.; FONSECA, P. Economia e Psicologia na Explicação da Escolha Intertemporal. *Revista de Economia Mackenzie*, São Paulo, v. 6, n. 6, p. 87-112, 2008.

STARMER, C. Guia de Economia Comportamental e Experimental. *In*: ÀVILA, F.; BIANCHI, A. M. (org.). *Guia da Economia Comportamental e Experimental*. São Paulo: EconomiaComportamental.org, 2015.

SUNSTEIN, C. R. *Simpler*: The Future of Governmet. Nova York: Simon & Schuster, 2013.

SUSTEIN, C. R. (coord.). *Behavioral Law & Economics*. New York: Cambridge University Press, 2000.

SUSTEIN, C. R. *Why Nudge? The Politics of Libertarian Paternalism*. Londres: Yale University Press, 2012.

SUSTEIN, C. R. *The Ethics of Influence*. New York: Cambridge University Press, 2017.

THORNDIKE, E. L. The Law of Effect. The American Journal of Psychology, v. 39, p. 212-222, 1927.

TVERSKY, A.; KAHNEMAN, D. Judgement under Uncertainty: Heuristics and Biases. *Science*, v. 185, n. 4157, p. 1.124-1.131, set. 1974.

TVERSKY, A.; KAHNEMAN, D. Prospect Theory: An Analysis of Decision under Risk. *Econometrica*, v. 74, n. 2, p. 263-292, mar. 1979.

TVERSKY, A.; KAHNEMAN, D. The framing of decisions and the psychology of choice. *Science*, v. 211, p. 453-458, jan. 1981.

WIE, D.; KIM, H. Between Calm and Passion: The Cooling-Off Period and Divorce Decisions in Korea. Feminist Economics, p. 187-217, 2015.